传习录

【全译+经典点校】

传习录

王阳明◎著
叶圣陶◎点校

天津出版传媒集团
天津人民出版社

图书在版编目（CIP）数据

传习录 / (明) 王阳明著 ; 叶圣陶点校. -- 天津 : 天津人民出版社, 2018.10
ISBN 978-7-201-14006-3

Ⅰ. ①传… Ⅱ. ①王… ②叶… Ⅲ. ①心学–中国–明代②《传习录》–研究 Ⅳ. ①B248.25

中国版本图书馆CIP数据核字(2018)第199705号

传 习 录
CHUAN XI LU
王阳明 著 叶圣陶 点校

出 版 天津人民出版社
出 版 人 刘 庆
地 址 天津市和平区西康路 35 号康岳大厦
邮政编码 300051
邮购电话 （022）23332469
网 址 http://www.tjrmcbs.com
电子信箱 reader@tjrmcbs.com

出 品 人 柯利明 吴 铭
总 策 划 张应娜
责任编辑 玮丽斯
特约编辑 赵艳林
营销编辑 袁woven淋淋 舒艺婷
封面设计 WONDERLAND Book design 仙境 QQ:344581934
版式设计 江王娆

制版印刷 三河市双升印务有限公司
经 销 新华书店
开 本 880×1230 毫米 1/32
印 张 15
字 数 349 千字
版次印次 2019年 9 月第 1 版 2019 年 9 月第 1 次印刷
定 价 68.00元

王阳明像

叶圣陶像

【译文】

上卷

中卷

下卷

【原文】

上卷

中卷

下卷

上卷

徐爱录

【译文·1】

先生关于《大学》里“格物”的各种学说、观点，均是依据旧本，也就是先儒们所说的错误版本。我刚听说时感到很诧异，继而产生疑惑，然后竭力思考相互比对，并向先生请教。我发现，先生的学说宛如水一样清凉，亦如火一般热烈，绝对是百世之后的圣人也不会再怀疑的。先生天资聪颖，又乐观亲切，做人坦诚，不拘小节。先生还是少年时便有豪迈洒脱的性格，醉心于诗文歌赋，受到佛道两家学问的熏陶。当时之人乍听到他的学说，都觉得离奇荒诞，因此不再对其进行深入的研究。可谁知先生在贬居夷地的三年里，在艰难困苦的环境中修身养性，专心于“精一”的功夫，已经可以超凡入圣，进入了绝妙的境界，回归到了最正统的本质。我整日在先生门下聆听教诲，感受到先生的道义，初接触似乎很浅易，而越是深入研究就越觉得高远深邃；初看起来似乎很粗疏，而精心探究时就觉得精妙无比；刚接近感觉并不幽深，可一旦深究便觉得学问无止境。学习十多年以来，我感觉连其边缘都未窥探到。如今的那些学者，有的与先生仅有一面之缘，有的尚未听过先生的学说，也有的先怀着激愤、轻视的情绪，稍加交谈便急不可耐地凭借流言传说来妄加揣测。如此怎能真正理解先生的学说呢？跟从先生的学生们，听着先生不倦的教诲，也常常是忘的多学到的少，就像是相马时，只看到了马的公母和外貌，却忽略了它作为千里马的特征。因此，我详细记录下先生平日里的所言所行，并与同学们传阅，以便互相考证修订，希望能不辜负先生的教诲之恩。学生徐爱作。

【译文·2】

徐爱问："《大学》一书里提到的'在亲民'，朱熹认为应是'新民'，在后面章节中出现了'作新民'一句，好像可作为其依据。先生认为应按照旧版本写作'亲民'，也一定有依据吧？"

先生说："'作新民'的'新'，意思是自新，与'在新民'的'新'含义不同，怎么能作为'在新民'一句的依据呢？'作'与'亲'虽相对应，但不是'新'的意思。后面提到的'治国平天下'等，对于'新'字均未阐发。比如：'君子贤其贤而亲其亲，小人乐其乐而利其利''如保赤子''民之所好好之，民之所恶恶之，此之谓民之父母'，这些句子都含有'亲'的意思。'亲民'就像是《孟子》中的'亲亲仁民'，'亲之'的意思就是仁爱。百姓不能相互仁爱，舜就任命契做司徒，恭敬地施行五种伦理规范来促使他们互相爱护。《尧典》中所说的'克明峻德'意思就是'明明德'，从'以亲九族'到'平章''协和'即'亲民'，亦即'明明德于天下'。又如孔子说过的'修己以安百姓'，'修己'也是'明明德'，'安百姓'即是'亲民'。由此看来，'亲民’包含着教诲与养育等意，改成‘新民’，自然就觉得偏颇了。”

【译文 · 3】

徐爱问：“《大学》中说‘知止而后有定’，朱熹则认为万事万物都有其特定的道理，这好像与先生您的学说不一致呀。”

先生说：“去万事万物中寻求至高无上的善，如此就把义看成是外在之物了。至善是心的本体，只要‘明明德’，达到至精至一的程度便是实现了至善。不过至善并不能脱离具体事物。朱熹先生在《大学章句》中所说的‘尽夫天理之极而无一毫人欲之私’，阐述的就是这个意思。”

【译文 · 4】

徐爱又问：“如果只在内心寻求至善，恐怕不能穷尽天下所有的事理。”

先生说：“心即是天理。难道天下还有存在于人心之外的事物和道理吗？”

徐爱说：“就像奉养父亲的孝、辅佐君王的忠、结交朋友的信、治理百姓的仁，其间存在很多道理，恐怕也不能不去细究。”

先生慨叹道：“这种说法蒙蔽人很久了，哪是一两句话就能使人们领悟的？现在姑且针对你提出的问题来谈谈。比如：奉养父亲，不是去父亲那里寻求孝的道理；辅佐君王，也不是去君王那里寻求忠的道理；交友和治理百姓，不是去朋友和百姓那里寻求信和仁的道理。孝、忠、信、仁只在人的心中，人心即是天理。那些未被私欲迷惑的心，即是天理，不需要再从外面添加一分。用这颗最纯粹的、顺乎天理的心，表现在奉养父亲上就是孝，表现在辅佐君王上就是忠，表现在交友和治理百姓上就是信和仁。只要在这颗心上下功夫，除去人的私欲、存养天理就行了。”

徐爱说：“听先生这样说，我好像有所觉悟了。但是心中依然盘旋着以前的观点，还没获得完全的解脱。例如奉养父亲一事，那些嘘寒问暖、早晚请安之类的事情，有很多细节，不是也需要讲求吗？”

先生说：“怎么能不讲求呢？只是要有个主次之分。要在摒弃私欲、存养天理的基础上讲求。比如：讲求冬天让父母保暖的问题，也仅仅是要尽尽自己的孝心，不能夹杂丝毫的私心杂念；炎炎夏日使父母凉快，也要尽自己的孝心，不能夹杂丝毫私欲。只是讲求这颗真心。这颗心若无私欲，只源出天理，是颗挚诚孝敬父母的心，冬天自会思虑为父母御寒，会主动去想出保暖的方法；夏天自会考虑为父母去暑，会主动去掌握去暑的方法。这一切都源于那颗诚挚的孝心。必须先有了这颗挚诚孝敬的心，才会做出这些具体的事情。就像树木，诚孝的心便是它的根，种种表现便是其枝叶。必须先有根，才能有枝叶。并非先找到了枝叶，再去种根。《礼记》中说：‘对父母深爱的孝子，一定能很和气地对待父母。态度和气就会有愉悦的气色。气色愉悦，表情就会美好。’以深爱作为树根，便自然会这样了。”

【译文·5】

郑朝朔问："最崇高的善也要从具体事物上求得吗？"

先生说："使自己的心达到纯粹都是天理的境界，就是达到了最崇高的善了，怎可从具体的事物上求得呢？你倒举几个例子说说。"

郑朝朔说："比如侍奉父母，如何使其保暖避暑，如何奉养适度，一定要寻求得当，才算是至善。像这样，才有学问思辨的功夫。"

先生说："如果只讲求保暖避暑和奉养适度就算是孝敬父母，那么只需一两天的时间就可探求清楚，还谈什么学问思辨的功夫？保暖避暑、侍奉父母，只需自己的心达到纯粹都是天理的境界就行了。若无学问思辨的功夫，差之毫厘，失之千里的情况就在所难免了。所以即使是圣贤，也要追求'精一'的功夫。如果只是讲求做好了那些礼节，就可以称为至善，那么，戏子在戏中恰当地表演了那么多侍奉父母的礼节情节，他们岂不是也可称为至善了？"

徐爱听后又有所省悟。

【译文·6】

由于没有明白先生"知行合一"的教导，徐爱与宗贤和惟贤反复讨论，仍然没能得出一致的结论，于是请教于先生。

先生说："试着举个例子来看看。"

徐爱说："比如，现在世人都知道应该孝顺父母，尊敬兄长，但并未做到孝顺父母和尊敬兄长，由此看来，知与行分明是两件事。"

先生说："你说的这种人的知与行已被私欲隔断，而不是知与行的本来面貌了，是没有明白事理而不去践行的人。那些明白事理而不践行的，其实是没有真正明白事理。圣贤教育我们既要认知，又要践行，就是要恢复知与行的本来面貌，并不是教你去随意地应付。因此《大学》在告诉我们什么才是真正的知与行时说，'就像是爱好漂亮颜色和厌恶臭气一样'。能看到漂亮的颜色属于知，喜欢漂亮的颜色属于行。人们在第一眼看到漂亮的颜色时就自然喜欢上了，并非在见了漂亮的颜色之后再另生出一颗心去喜欢；闻到臭气是知，讨厌臭气是行。人们在刚闻到臭气时就开始讨厌了，并不是在闻到臭气之后又另生出一颗心来讨厌它。就像是鼻子不通气的人，即使腐臭的东西就在眼前，但因鼻子没有闻到，也不会产生厌恶的感情，因为他不曾感受到臭。这就好像说某人知道孝亲、尊长，肯定是此人已经有过孝亲、尊长的行为，才可以说他懂得孝亲、尊长的道理。并非只知道说些孝亲、尊长之类的话，就算是做到了孝亲、尊长。又好像知道痛苦，必定是他自己已经经历过痛苦，才知什么是痛苦；知道寒冷，必定是自己已经经历了寒冷；知道饥饿，必定是已经经历了挨饿。知与行怎能分得开呢？这便是知与行的本质特征，不会被人的私欲隔断。圣贤教育我们，必须这样才可以称作知，否则的话，还是不曾真正明白。这是多么要紧而切实际的功夫啊！现在你非要把知和行说成是两回事，是何意呢？而我将知与行说成一回事，又是什么意思？如果不明白我这番话的意思，只顾着在那儿争论知与行是一回事还是两回事，又有什么用处呢？"

徐爱说："古人既然把知与行说成是两回事，也是要让人弄个明白，一方面做知的功夫，另一方面做行的功夫，这样功夫才能落到实处。"

先生说："这样就失去古人的本意了。我说过知是行的主导，行是知的落实；知从行开始，行于知结束。如果明白知行的道理，只要一说知，就已经自然包含了行在其中；只要一说行，已经自然包含知在其中了。古人之所以既说知又说行，只是因为世上有一种人，迷迷糊糊的，由着自己的性子去做事，根本不思考琢磨，而只会肆意妄为，所以必须强调一个知的道理让他明白，他才能行得正确。还有一种人，迷迷茫茫，只会漫无边际地空想，根本不愿付诸行动，也只是在那里主观揣测，所以必须给他强调行的道理，他才能真切得知。这正是古人不得已，只是为了补偏救弊才说的。若能真正悟得其中含义，那么'知行合一'这一句话便足够。如今人们却非得把知与行分为两件事去做，认为必须认识在前，之后才能去实践。因此，我现在如果先去讲习如何认知的功夫，等真切明白地认识了，再去做行的功夫，那样就会永远不能实践，也就会永远一无所知。这不是小毛病，其出现也非一日了。现在我强调的知行合一，正是针对此种现象对症下药，这绝非我凭空杜撰。知与行的本质特征就是如此。今天如果你们知晓我立论的主旨，就算是把知与行说成两回事也无妨，本质上还是一回事。如果不明白宗旨，就算是说成一回事，又有何用？只是闲聊罢了。"

【译文·7】

徐爱问："昨天聆听了先生关于'止至善'的教诲，我感到功夫已有了着力点了。但是，与朱子关于格物的训导，思来想去总是无法吻合。"

先生说："'格物'正是'止至善'的功夫，既然已经明白了'至善’，也就明白了‘格物’。”

徐爱问：“昨天，我用先生所教的知识，推论到格物的学说，似乎已明白了大概。但朱子的训导以《尚书》的‘精一’论、《论语》的‘博约’论和《孟子》的‘尽心知性’的观点为依据，所以我还没能完全消除疑虑。”

先生说：“子夏坚定地相信圣人之言，曾参却总是反躬自省。坚信圣贤之言固然是正确的，却不如反躬自省来得真实。你现在既然未真正明白于心，岂能轻信旧说，而不去探求正确的答案呢？就像是朱子虽然十分尊敬信赖程子及其学说，但对于与自己想法不符的，又何尝盲从过呢？‘精一’‘博约’‘尽心’等学说，本来就与我的见解吻合，只是你并未仔细深入思考罢了。至于朱子对‘格物’的阐释，未免有些牵强附会，并非格物的本旨。求精是达到专一的功夫，博览是达到简约的功夫。既然你已经明了‘知行合一’的道理，此处只需用一句话便可解释明白了。‘知心知性知天’是‘生知安行’能够做到的事；‘存心养性事天’是‘学知利行’能够做到的事；‘夭寿不贰，修身以俟’是‘困知勉行’能够做到的事。朱子之所以会错解‘格物’的学说，是因为他颠倒了前后关系，认为‘尽心知性’就是‘格物知至’，并要求初学者去做‘生知安行’的事情，又怎么可能做得到呢？”

徐爱问：“‘尽心知性’，怎可是‘生知安行’所能做到的呢？”

先生说：“本心是人本性的主体，天理则是本性的源头，因此尽力张扬人天生的善心就是彻底发挥人的本性。《中庸》里说：‘只有天下最真诚的人才能够尽情发挥其本性，感悟到天地万物的变化规律。’‘存心’其实就是说还没有彻底地发挥人的善心。‘知天’中的‘知’，意思与‘知州’‘知县’的‘知’相同，都是指自己分内的事，两者是天人合一。‘事天’就像是儿子奉养父亲、臣子辅佐君王一样，必须毕恭毕敬、小心翼翼，才能不出任何差错。依然没有与天合而为一，这就是圣人与贤人的不同之处。至于‘夭寿不贰’，其实是教育人们一心向善，不因环境优劣或寿命长短而改变善心，而是要修身养性，听候命运安排。如果我们认识到了人的困厄或通达、长寿或短命都是命中注定，我们也就没必要为此动摇心志。‘事天’，尽管与天各自独存，但已明白到天理的存在。‘俟命’，却是未曾蒙面，在此等待，这就是初学者树立志向的开始，怀着一种迎难而上、刻苦耐劳的精神。而朱子的学说却颠倒了顺序，因此使学习的人无从下手。”

徐爱说：“昨天听了先生的教诲，我也隐约感觉到功夫确实是这样。今天听了先生的讲解，已经全无疑虑。我昨晚思考：‘格物’的‘物’字也就是‘事’字，这都是从本心来说的。”

先生说：“对。心是身体的主宰，能触发本心的就是意念，意念的本源是认知，意念的负载之处是事物。如果我们的意念在侍奉亲人上，那么侍奉亲人就是一件事物；意念在辅佐君王上，那么辅佐君王就是一件事物；意念在友爱百姓、善待万物上，那么，友爱百姓、善待万物就是一件事物；意念在看、听、说、动上，那么看、听、说、动就是一件事物。所以我说没有存在于本心之外的天理，也没有存在于本心之外的事物。《中庸》里说的‘不诚无物’，《大学》里说的‘明明德’的功夫，指的都是诚意，这诚意的功夫，就是格物。”

【译文·8】

先生接着说：“‘格物’，就像是《孟子》一书中说的‘大人格君心’的‘格’，意思是消除人心灵里不正确的东西，保全人心中正确的东西。只要是意念所到之处，就要消除错误的想法，保全正确的想法，就要无时无处不追求天理，也就是所说的穷理。‘天理’也就是‘明德’，‘穷理’也就是‘明明德’。”

【译文·9】

先生又说：“心的本质是知，心自然能知。看到父亲自然知道孝顺，看到兄长自然知道友爱，看到小孩落井自然有同情之心。这才是良知，不必向外部去求取。假如良知显露，自然就解除了私欲的障碍，这正是《孟子·尽心上》所说的‘充其恻隐之心，而仁不可胜用矣。’然而于平常人而言，不可能没有私欲的迷惑，所以必须用‘致知’‘格物’的功夫战胜私欲，来恢复天理。这样，人心的良知也就不会再有障碍，能够彻底被显露，这就是致良知。良知推及开去，意念就能诚挚专一起来了。”

【译文·10】

徐爱问：“先生认为‘博文’为‘约礼’的功夫，我思虑再三而不能解，请您来为我解释开导好吗？”

先生解释说：“‘礼’字就是‘理’字。‘理’显示可见的为‘文’，‘文’隐蔽不能见的为‘理’，本来是一物。‘约礼’就是要本心纯粹成为天理。要己心纯良为天理，必须从天理显示处来用功。就如同，天理在侍亲时能够显现，心即在侍亲上能存此天理；天理在侍奉君主时能够显现，心即在侍奉君主时能存此天理；天理在身临富贵贫贱的时候来显现，心能够在身临富贵贫贱上存此天理；天理在身处艰难困厄或荒蛮之地之时显现，心能够在身处艰难困厄或荒蛮之地上存此天理。至于行动或是停歇，讲话或是沉默，都应是如此，天理显现在什么地方，就在那方面学习存养天理之道。这就是在知识上力求广博，也可以称作是约礼的功夫。广泛地学习存养的方法，以求得天理的至精至纯；严格地遵守礼仪的规范，以求得天理的统一。”

【译文·11】

徐爱向先生请教道：“‘道心常常是身体的主宰，人的心每每听命于道心。’根据先生对‘精一’的解释来推断，此话似乎有些不妥当。”

先生说：“是这样的。本心只有一个。没有夹杂人私欲的心就可以称为道心，夹杂人私欲的称作人心。人心通过去欲而达到纯正的就是道心，道心一旦失去纯正就叫作人心，并不是人生来就会有两颗心。程子认为人心就是私欲的具体体现，道心就是天理的具体体现。他这句话好像是把道心和人心分离开来，但实际上讲的却是一颗心。而朱子则认为以道心为主，人心听从于道心，这讲的就是两颗心了。天理和私欲是不能够同时存在的，怎么会有以天理为主要，私欲又听从于天理的说法呢？”

【译文 · 12】

徐爱向先生请教王通和韩愈两个人的言行。

先生说："韩愈是文人中的英才，王通是一位贤能的大儒。后世之人仅凭文章尊崇韩愈，其实，相比之下，韩愈要比王通差许多。"

徐爱向先生问道："为什么王通有仿作经书的问题？"

先生解释说："仿作经书这一做法，也不能全盘否定。你认为后世儒者编著经书的动机和仿作经书相比又怎么样呢？"

徐爱说："如今儒者的编著，并不是没有追求名誉的想法，然而也有明道的期望。而仿作经书完全就是为了求名利了。"

先生说："假如编著经书是为了明道，那效仿的又是谁呢？"

徐爱说："效仿孔子用删述六经的途径来明道。"

先生说："既然如此，仿作经书，那不就是仿效孔子的做法吗？"

徐爱说："编著经书是对经道的阐释，仿作经书，只是仿照经书的形式，对于道没有什么好处。"

先生说："你所说的明道，指的是返璞归真，使道在平常生活中落实呢，还是指华而不实，借用这种形式哗众取宠呢？如今天下纷乱，主要是因为重视虚文、轻视实行。天下之道如果光明，也就无所谓删述六经。孔子对六经的删述乃是万般无奈之举。自伏羲画卦，到文王、周公，其中论《易》的如《连山》《归藏》等著述纷纭繁复，种类数不清有多少，《易》道因此变得混乱不堪。孔子发现世上崇尚文辞的风气日盛，知道《易》的学说将没有穷尽，所以效法文王、周公关于《易经》的论述，感觉只有他们的主张才把握了《易经》的精要。于是众多观点都被废除，天下论《易》才归一统。《诗经》《尚书》《仪礼》《乐经》《春秋》全都是这样。《尚书》自《尧典》《舜典》《大禹谟》《皋陶谟》之后，《诗经》自《周南》《召南》之后，如《九邱》《八索》这种宣扬邪道歪理的学说，达成百上千篇。《礼》《乐》的名物度数都数不清，孔子都做了删削纠正，从那时候起其他说法才终止了。在《尚书》《诗经》《仪礼》《乐经》当中，孔子并没有增加过一句话。如今《礼记》中的解释之词，大多是后世儒生附会写出来的，并不是孔子的原著了。至于《春秋》，虽称是孔子的作品，但都是在鲁史的旧记录上笔削而成。所谓‘笔’，亦即照抄原文；所谓‘削’，就是删减繁复，这样只会少而不会多。孔子删述了《六经》，是担忧繁文扰乱天下，虽想简单化，彻底清除致乱的思想言论，却很难做到。他要求人们不要呆板照抄经典中的字句，应当追求经典之中的精神实质，而不是用文辞来教化天下。《春秋》以后，繁文日益盛行，天下变得一团混乱。秦始皇因焚书而得罪了天下，固然是出自一己的私心，却不该焚毁《六经》。秦始皇当时如果志在明道，只把那些背经叛道的书全拿来烧掉，就正合孔子删述的本意。从秦汉直到今日，著述之风越刮越烈，要想彻底废止已经根本不可能了。只能效仿孔子的做法，将那些和经书道理接近的思想主张加以表扬，那些荒诞无稽的思想理论，也就慢慢消失了。我不明白文中子王通当初仿作经书是何用意，但是我极力赞成。我认为，圣人就算是再次复出，也是不会反对这种做法的。天下之所以变得混乱不堪，只是因为写文章说空话的多，有真学问并且实干的少。人们各说各的理由和见解，各种新奇的思想纷纷冒出来，互不相让，喧嚣于世，这样只会混淆视听，蒙蔽了世人的耳目，使他们只知道糜烂地争相修饰文辞，全力追逐声名，而不知道还有敦于本本、崇尚实践、返璞归真这些行为。这些道理都应当使著述经书的人感受到启发吧。”

徐爱说："著述也还是不能够缺少的。例如《春秋》这本书，如果没有了《左传》作解，人们大概也是难以理解的。"

先生说："要读懂《春秋》，必须有《左传》的参照才能真正明白，这样就会成为歇后谜语了。圣人怎么会做这样艰深隐晦的文章呢？《左传》大多是鲁国史书的原文，如果《春秋》要凭借着《左传》才可以读懂，那么，孔子为什么要删削它呢？"

徐爱说："程颐先生也认为'《左传》相当于案件，《六经》相当于判断'。就好像，《春秋》上记载弑杀某君、讨伐某国，如果不清楚事情的经过，大概也难以做出准确的判断。"

先生说："程颐先生这一句话，差不多也是沿用后世儒生的说法，却没有理解圣人作经的本意。如果写'弑君'，弑君是罪过，为什么还要详细追问弑君的细节呢？讨伐的命令该是天子发布，记载了诸侯讨伐别国的事件，就是说讨伐别国是罪过，那为什么还要追问讨伐别国的细节呢？圣人著述《六经》，只是使人心端正，存养天理，除去私欲。对这些事情，孔子经常谈论。孔子根据人们的提问，对各自的程度深浅与性质不同逐一作答。他也不愿多讲，怕人们在语言上挑剔失误的地方，所以他才说'我并不想多谈'的话。如果《春秋》记的是些放纵私欲、吞灭天理的事，又怎么能给人详细解释呢？详细地告诉人们等于将人们的思想误导入奸邪的道路上了。因此，《孟子·梁惠王上》中讲道：'孔子门下，没有记载齐桓公、晋文公的事，因此，后世也就没有流传。'这就是孔门的家法。世俗的儒者只会讲求称霸者的学问，所以他们要知道许多的阴谋诡计。这纯粹是一种功利的私心，与圣人作经的意义恰好相反，他们怎么能思量明白圣人的用心呢？"因此先生感慨地说："不是通达天德的人，我不会与他谈论这个问题！"先生又说："孔子曾说：'我还见过史书中存疑疏漏的情况。'

孟子也说：‘完全相信《书》，就不如没有《书》。我认为《武成》这篇，只有两三页可取罢了。’孔子删述经书，即便是尧、舜、禹这四五百年之间的历史，也不过就留下了几篇。除这些之外，难道再也没有值得称道的事情了吗？虽传述的只有几篇，但是圣人的意图再明了不过了。圣人是要剔除繁复的文饰，后来的儒者却还要添上。”

徐爱说：“圣人著经，就是为了去除人欲，存养天理。比如春秋五霸之后发生的事，圣人不肯把详情告知世人，就是如此。那么，尧舜之前的事，为什么也统统省略掉，无法得见呢？”

先生说：“伏羲、黄帝时期，历史太过久远，人物、事迹模糊，流传下来的自然就很少。这是可以想象到的，当时都是一派民风淳朴的景象，根本没有那些重视辞藻的气象。这就是太古的治世，非后世所能达到的。”

徐爱说：“像《三坟》这一类的书籍，也有流传下来的，那为什么孔子也要删除它？”

先生说：“就算是有流传下来的，但与现在变化了的世道渐渐不相融了。风气更加开化，雕饰越来越讲究，到了周朝末期，想再恢复夏、商的习俗礼制，已经不可能，更何况尧舜时的习俗？更早期的伏羲、黄帝时的习俗就更不必说了。各朝代治世的手段不同，但是他们遵循的仍是一个道。孔子遵循尧舜，效仿文王、武王。周文王、周武王的治世方法正是尧舜的道，然而都根据当时的情况而行，他们各自的政令制度已经互不相同。因此，就算是夏、商的政策在周代实施，也会有不适宜之处。所以，周公思考三王的治策，做好兼收并蓄的功课，如果发现有不合时宜的地方，就夜以继日地深入研究。更何况远古的治世方法，又怎么可能重新运用呢？这正是圣人删略前事的最根本的原因。”先生又说："一心施行无为而治，不能够像三王那样根据时代的具体情况进行治理，非要实行上古的典章制度，这就是佛教、老庄的观点。根据时代的变化针对社会进行治理，不能像三王那样一切都以道为根本，而是出于功利的心态来推行，这正是春秋五霸以后治世的大致情形。后代许多儒者的各种说法，也不过是讲了一个霸术而已。"

【译文·13】

先生又说："尧舜以前的治世方略，后世不可能恢复，因此可以略去不计。夏、商、周三代以后的治世方略，后世不能仿效，因此可以删减。只有可以适用三代的治世方略才可以继续实行。然而，世上那些讨论三代之治的人，却不了解三代治理天下的基本精神，只会去效仿细枝末节。这样三代之治也不可能恢复了！"

【译文·14】

徐爱说："那些先辈大儒讨论《六经》，认为《春秋》是一部史书。而史书专门记载具体的历史，这恐怕和《五经》的体例和宗旨稍有出入。"

先生说："以事件为话题的记录叫史书，以道义为话题的记录叫经书。事就是道，道就是事。《春秋》就是经书，《五经》也是史书。《周易》是伏羲时的历史，《尚书》是尧舜以后的史书，《仪礼》《乐经》就是三代的史书。它们记载的事件是一样的，所讲的道义也大致相同，怎么会有所谓的差别呢？”

【译文·15】

先生还说：“《五经》也只是史书。史书就是需要辨明善恶以示训诫。善心可以用来教化，因而特别保存善的事迹让人去学习、效法。恶能够让人引以为戒，所以保存一些戒条而省去事情的发展和经过，以杜绝后人去效法。”

徐爱问：“保存善行让后人来仿效，也是存养天理的根本宗旨。省略恶行的经过以杜绝后世去效法，也是为了将人的私欲抑制在将要萌芽时吗？”

先生说：“圣人删编《六经》，确实就是这种意思，然而大可不必拘泥于文句。”

徐爱又问：“恶要引以为戒，保留戒条而省去事情的经过以防止奸邪的事件发生。然而，在《诗经》中为什么不把《郑风》和《卫风》删掉呢？朱熹说过，‘记录历史上丑恶的事，可以惩戒人们纵欲放荡的不良思想’，这种理解准确吗？”

先生说：“现存的《诗经》已经不再是孔子所删定的版本了。孔子说：‘要彻底禁绝郑声，郑声皆是靡靡之音。’又说：‘厌恶郑声污染和扰乱了高雅的音乐’，‘郑国、卫国的音乐是亡国之音’。这是孔门的家法。孔子修订的《诗经》三百篇，都是所谓的高雅音乐。不仅可以在拜祭天地和祭祀祖先时演奏，还可以在乡村群民中进行演奏，并且有助于向民间宣讲平和，涵养德操，移风易俗，怎么还有郑、卫的音乐掺杂其中呢？岂不是助长淫乱之音、导致邪恶发生吗？这些郑、卫的音乐肯定是秦始皇焚书以后，世俗的儒生为了凑齐三百篇的数目而生搬硬套上去的。而这些淫邪的词调，世间大多数人喜欢传播，现在街头巷尾并不少见。朱熹所谓的‘记录历史上丑恶的事，可以惩戒人们纵欲放荡的不良思想’，正所谓越想解释而又解释不清，反倒成了这些恶行的说辞了。”

徐爱跋

【译文·16】

因我受到程朱学说的影响比较深，刚听先生的教诲时，感觉诧异不已，觉得无从下手。听的时间长了，渐渐就知道亲身实践，然后才确信先生的学问是孔子学说的真传。其他的都是旁门左道，残支断流。就比方先生认为“格物”就是“诚意”的功夫，“明善”就是“诚身”的功夫，“穷理”就是“尽性”的功夫，“道问学”就是“尊德性”的功夫，“博文”就是“约礼”的功夫，“惟精”就是“惟一”的功夫，这些道理，我开始觉得难以理解，后来我经过长时间地仔细琢磨思考，不知不觉中心领神会，高兴得手舞足蹈起来了。

陆澄录

【译文·17】

陆澄向先生请教："什么才真正算是专一的功夫？就好比，读书就一心在读书上用功夫，接待客人就一心在接待客人上用功夫，这样就算是专一的功夫吗？"

先生解释说："贪图美色就一心在美色上使用功夫；贪爱财物就一心在财物上使用功夫，这能算是专一的功夫吗？这只不过是所谓的追逐物欲，表面不是专一，专一就是将全部心神专注在天理上。"

【译文·18】

陆澄向先生求教立志的学问和方法。

先生说："念念不忘存养天理，就是立志。如果时刻不忘存养天理，日子久了，心自然会在天理上凝聚，这就像道家所说的'结圣胎'。心里时刻把天理记住，慢慢达到孟子讲的精美、宏大、神圣的境界，也只是从这一意念不断存养、发扬开去的罢了。”

【译文·19】

“白天用功时，如果感觉外界的干扰大，就静坐；如果不想看书，就一定要去看书。这就是对症下药的方法。”

【译文·20】

“和朋友相处，彼此相互谦让，就会受益；彼此相互攀比，只能够带来损害。”

【译文·21】

孟源有自负、贪图虚名的毛病，先生经常批评他。一天，先生刚责备了他，就有一位朋友谈到自己最近学习的情况，请求先生指正。这时孟源却在一旁说：“你这只是达到了我从前的程度。”

先生说：“你的老毛病又犯了吧？”

孟源脸色大变，就想要为自己辩解。先生说：“你的老毛病又犯了。”于是开导他说，“这也正是你人生中最大的缺点。就像在一块一丈大小的地里种下一棵大树，雨露的滋润、土地的孕育，只是在滋养这棵树的根。如果在树的周围栽种下五谷，但是上面有树叶遮住阳光，下面被这大树的根系盘结着，阻断营养，它又怎么能茁壮成长呢？只有砍掉这棵大树，一点须根都不留，才能种植五谷。如果不是这样的话，任你如何耕耘栽培，也只是在滋养大树的根。”

【译文·22】

陆澄说：“后世著述繁多，恐怕会扰乱了孔孟圣学思想吧？”

先生说：“人心和天理俨然成为一体。圣贤著书，就像在实地描画肖像，只不过是向人们展示一个大致的轮廓，让人们根据轮廓而进一步探求真谛。至于圣人的精神气质，言谈举止，确实有无法准确表达之处。而且后世的众多著述，只不过是将圣人所画的轮廓再模仿誊写了一遍，然后擅自加以解析，添枝加叶，用来炫耀才学，与圣人所要传达的意思相去甚远了。”

【译文·23】

陆澄问：“圣人的应变能力是无穷无尽的，难道是事先研究谋划过？”

先生说：“圣人没有精力顾及许多！圣人的心就像明镜，正因为它很明亮，所以它感而必应，没什么不能照的。过去所照的物影早已不复存在了，还没有照的不可能预先具备。如果像后人所说的那样，圣人对什么都事先进行研究了，这就与圣人的学说相悖了。周公制礼作乐用以教化天下，那是圣人所能做到的，为什么尧、舜不全部做了而非要等到周公时再做呢？孔子修订《六经》以教化万世，这也是圣人所能够做到的，为什么周公不先做了而非要等到孔子来做呢？可见，所谓圣人的光辉事业，就是碰到特定的机遇才有的。只怕镜子不明亮，不怕有物不能照到。研究事物的变化规律，与镜子照物的道理是相同的，然而作为学者却必须有一个'明'的功夫。对于学者来说，不怕不能穷尽事物的变化，只怕自己的心不能明，无法穷尽事物的变化发展。"

陆澄又说："既然是这样，程颐先生所说的'天地间万事万物的道理是在其最原始的状态下，就已经具备了'，又该怎么理解这句话呢？"

先生说："这句话本来就是正确的，只是世人没有好好去理解，于是便产生了问题。"

【译文·24】

"义理是没有穷尽的，也没有一定的标准。我和你交流，不能因为稍微有了一点收获，就以为只不过这样而已。即使再交流十年、二十年，甚至五十年，也是没有止境的。"一天，先生又说："就算是圣如尧、舜，然而在尧、舜之上，善也是没有止境的；即使恶如桀、纣，然而在桀、纣之下，恶也是没有尽头的。如果桀、纣不死，恶事会就此而止吗？如果善能穷尽，周文王为什么还要'不懈地追求善道，就像从未见到一样不知道满足'呢？"

【译文·25】

陆澄问：“平静时，我总觉得自己的想法非常好，真的碰到事情，感觉就不是那么回事了，为什么会这样？”

先生说：“这就是因为你只知道在平静中涵养，却没有在克己的功夫上用心的缘故。这样碰到了具体的事情就会觉得原来的思路不管用了。每个人必须在事情上磨炼自己，才能够立足站稳，才能够达到‘静止时内心安定，行动时也能够内心安定’的境界。”

【译文·26】

陆澄向先生请教参悟天理的上达功夫。

先生说：“后世的儒者教人，刚刚开始涉及精细微妙处，就说这是上达的学问，不适合现在学，然后只去讲下学。这样就把下学和上达的功夫分成两半了。凡是眼睛能够看到的，耳朵可以听到的，口中轻易就能讲出的，心中能想到的，都是下学；眼睛不能够看的，耳朵不可以听的，口中不能轻易讲出的，心中不能想到的，那就是上达。就好像栽种一棵树，栽培、灌溉是下学的功夫，而树木昼夜生长、枝繁叶茂就是上达的功夫。人们怎能在上达方面加以干预呢？因此，只要是可以用功、可以言说的，全都是下学，上达包含在下学之中。凡是圣人所说的，虽然精细入微，也皆为下学。学者只需从下学上用功，自然可以实现上达的目标，不必另外去寻求所谓上达的功夫。”

【译文·27】

持守意志好比心痛，一心一意全都放在感受这个痛上，哪还有工夫说闲话、管闲事？

【译文·28】

陆澄问：“怎样才能够做到‘惟精’‘惟一’呢？”

先生说：“‘惟一’是‘惟精’的目的，‘惟精’是‘惟一’的手段，并非是在‘惟精’之外还有一个‘惟一’。‘精’字由部首‘米’而来，就以米来打比方：要使米纯净洁白，这便是‘惟一’的意思。如果说没有舂簸筛拣这些‘惟精’的功夫，米就不可能变得纯净洁白。舂簸筛拣是‘惟精’的功夫，它的目的也不过就是为了让米纯净洁白而已。博学、审问、慎思、明辨、笃行，也都是为了获得‘惟一’而进行的‘惟精’方面的功夫。再比方说，‘博文’就是‘约礼’的手段，‘格物’‘致知’就是‘诚意’的手段，‘道问学’就是‘尊德性’的手段，‘明善’则是‘诚身’的手段，除此之外再没有其他的解释了。”

【译文·29】

“认知是践行的开始，践行是认知的结果。圣人之学只有一个功夫，不能把认知和践行分成两件事来看待。”

【译文·30】

“孔子的学生漆雕开说：‘我对做官还没有足够的信心。’孔子听了以后很高兴。子路让子羔做费地的官。孔子说：‘这是残害别人的孩子！’曾点谈论自己的志向，得到孔子的称赞。圣人的心意从这里就可以看清了。”

【译文·31】

陆澄问：“一个人在处静、存心养性的时候，是不是可以称得上‘感情未发之时的中正’？”

先生说：“现在人的存养心志，不过是为了静气。在他安静的时候，也不过是气的宁静，算不上‘未发之中’。”

陆澄说：“未发出来不就是中吗？这样说来不也就是求中的功夫吗？”

先生说：“只要是能去除私欲、存养天理，就可以称为功夫。安静的时候念念不忘去除私欲、存养天理，行动的时候也念念不忘去除私欲、存养天理，不管宁静与否都应如是。如果依靠宁静，不仅渐渐就会有喜静厌动的毛病出现，而且其中许多问题会潜伏下来，始终不能清除，遇到事情还会像从前一样滋长起来。如果以遵循天理为重，怎么会不宁静呢？如果以宁静为主，不一定能够遵循天理。”

【译文 · 32】

陆澄问："孔门弟子共聚一堂，一起讨论志向。子路、冉求都希望主持政事，公西赤希望能够主管礼乐，多少是些实用的事。而曾点所说的，似乎是玩耍之类的事，却得到了孔子的赞许，这又是怎么回事？"

先生说："子路、冉求、公西赤有着凭空臆想和绝对肯定的意思，一旦有了这两种意思，思想便会向一边偏斜，顾此就一定失彼。曾点的志向没有主观臆想，正合《中庸》中所说的'在其位，谋其政，不做超出自己分内的事情，身处夷狄时，那就要做夷狄所应该做的事。身处患难时，那就要做患难时所应该做的事。所以无论处于何种境况，都能够悠然自得'。前三个人都是'有某种才能的人'，而曾点却是不限于具体才用的通达的人。但是前三个人各自有独特的才干，不像世上那些只会空谈而不务实的人，所以孔子也赞扬了他们。"

【译文 · 33】

陆澄问："知识长时间没有长进该怎么办？"

先生说："为学必须有基础，要从根本上来下苦功夫，循序渐进，才能够有所进步。道家用婴儿做比喻，十分精辟。婴儿在母亲的腹中时，纯粹是一团气，有什么知识？一旦脱离母体后，才能啼哭，然后才会笑，到后来又能认识父母兄弟，并且逐渐能站立、能行走、能持物、能背负，到了最后，天下的事无所不能。这些都是他的精神日益充足，筋力日益强壮，智慧日益增长的结果，并非是从母体分娩出后所能推寻得到的。所以需要有一个基础。圣人就是到了天地各安其位、万物生长繁育的境界，也还是从喜怒哀乐未发之中慢慢修养得来的。后世儒者不理解格物的学说，看到圣人没有不知道的、没有做不成的，就想在初学时就达到这样的境界，哪会有这样的道理呢？”先生又说：“立志用功，就好像种树一样。一开始的时候生根发芽，并没有树干，等到有了树干，暂时还没有枝条，等有了枝条然后才有树叶，有了树叶然后才有花朵、果实。刚种植的时候，只顾着栽培浇灌，不要想枝，不要想叶，不要想花，不要想果。空想那些有什么用处？只要不忘记栽培浇溉的功夫，何愁没有枝叶和花果？”

【译文 · 34】

陆澄问：“读书不能理解应该怎么办呢？”

先生说：“读书很久之所以读不懂，主要是因为死抠书中文义。如果是这样，倒不如去学程朱的学问。他们的学问，看得多了，也就能够理解了。不过，他们虽然能够讲得清楚明白，也仍然会终身无所收获。应该在心体上用功，凡是不明白的、行不通的，必须返回自身，在自己的心上体会，这样就能够理解。《四书》《五经》说的就是心体，也就是所谓的天理。心体明白就是天理明亮，再没有了其他。这正是为学的关键所在。”

【译文 · 35】

“‘让心灵空灵就会变得不愚昧，各种道理存在心里，万事万物就都能够显露出来了。’此道理不在心的外面，事物也不在心的外面。”

【译文·36】

有人问：“朱子说：‘人之所以为学，不过是学习心与天理罢了。’这句话应该怎么讲？”

先生说：“心就是性，性就是天理。加上了这个‘与’字，未免将心理一分为二了。这需要学者能够善于观察和发现。”

【译文·37】

有人说：“每一个人都有这颗心，既然心就是天理，那为什么有人行善，有人作恶呢？”

先生说：“因为恶人的心失去了它本来的面目。”

【译文·38】

陆澄问：“朱熹在《大学·或问》中讲道：‘用分析的方法来格物就可以做到极其精微，而不会有丝毫紊乱，然后综合这些事物的理，就可以包罗万象，而丝毫没有遗漏。’这句话讲的道理正确吗？”

先生说：“恐怕这话也是没有说透彻。这个理怎么能分析呢？又怎么能够综合呢？圣人说‘精一’，就已经把天理说得很明白了。”

【译文·39】

“自我反省就是有事时的存心养性，存心养性是无事时的自我反省。”

【译文·40】

陆澄曾经就陆象山关于在人情事变上下功夫的论点向先生请教。

先生说：“除了人情事变，也就没有其他的事情了。喜、怒、哀、乐，难道不是人情吗？从视、听、言、动到富贵、贫贱、患难、生死，全都是事变。事变就含在人情之中，关键就是要做到‘致中和’，‘致中和’的关键在于独处时也能恪守本己。”

【译文·41】

陆澄问：“仁、义、礼、智的名称，是不是人的情感发出后才有的？”

先生说：“是的。”

一天，陆澄又问：“恻隐、羞恶、辞让、是非，全都是人本性的表现吗？”

先生说：“仁、义、礼、智也都是本性的表现。天性只有一个，就形体而言是天，就主宰而言是帝，就流行而言是命，就赋予人而言是性，就主宰人身而言是心。心的作用，表现在侍亲上便称之为孝，表现在侍君上便称之为忠。以此类推，名称可以无穷无尽，但心性却只有一个。就像人就是这么一个人，对父亲而言是子，对儿子而言是父，以此类推，名称可以无穷无尽，但人只是一个人。人只要在心性上用功，把这个‘性’字悟透了，那么，天下事理自然都会明白。”

【译文·42】

一天，师生一起探讨为学的功夫。先生教导说：“教人做学问，千万不可偏执一端。刚开始学习的时候，心神不宁，精力不能够集中，心中所想大多数是私欲方面的事。这样的话，就应该教他静坐，借以安定思虑。时间长了，他心意就略有安定。但若一味静坐着不动，像槁木死灰一样，那就没有用了。到这个时候必须教他做反省体察、克制私欲的功夫了，而且不能间断，就像是铲除盗贼，要有一个杜绝他们的决心。没事的时候，将好色、贪财、慕名等私欲统统搜寻出来，然后将病根全部拔去，使它永远不再复发，才算痛快。好比猫捉老鼠，眼睛盯着，耳朵听着，摒弃一切私心和杂念，态度坚决，绝不给老鼠喘息的机会，既不让老鼠躲藏，也不会让它逃走，这才是真功夫，只有这样才能彻底去私欲，达到彻底干净利落的地步，如此便可以轻松安坐了。所谓‘何思何虑’，并非始学之事。刚开始进行学习时必须加上省察克治的功夫，也就是‘思诚’，只诚心诚意地来思考一个天理。等到天理完全纯正的时候，也就是眼下的‘何思何虑’了。”

【译文 · 43】

陆澄问：“有人在黑夜里害怕鬼，该怎么办？”

先生说：“这种人，平时从来不肯行善积德，所以内心有所不安，因此害怕。若平时的行为合乎神明的意志，那又有什么可怕的！”

马明衡说：“正直的鬼不可怕，但邪恶的鬼不理会人的善恶，所以未免会害怕。”

先生又说：“邪恶的鬼是绝不能迷惑正直的人的！由于这一怕，心就会变邪，所以被迷惑的人，并不真的是鬼迷惑了他，而是他的心被自己给迷惑了。就好比人好色，就是被色鬼迷惑；贪财，就是被财鬼迷惑；不该生气发怒而发怒，就是被怒鬼迷惑了；不应害怕而害怕，就是被惧鬼迷惑了。”

【译文 · 44】

“心的初始状态是恒定的，这是永恒的天理。出现动和静两种状态，那是因为遭遇了不同的外部环境的影响。”

【译文·45】

陆澄问《大学》《中庸》两本书的不同之处。

先生说："子思概括了《大学》一书的主要宗旨，使其成为《中庸》第一章的内容。"

【译文·46】

陆澄问："孔子主张端正名分，朱熹则认为孔子这是要'上告知天子，下诏告方伯，废除公子辄而拥立公子郢'，这种看法真的正确吗？"

先生说："恐怕不能这样说，一个人在位时对我恭敬尽礼，要求我辅佐他从政，而我却先废除他，天理人情怎么能容忍？孔子既然愿意辅佐辄的统治，那么他一定能全心全意地把国家治理好。圣人至诚的圣大德行，一定是感化了卫辄，使他知道不孝敬父亲就不能真正做人。于是辄痛哭奔走，前去迎接父亲回到祖国。父子之间的爱本是人类的天性，如果卫辄真的能悔悟反省，蒯聩一定会备受感动。蒯聩回来，辄把国家交还给父亲治理，并且请求父亲杀了他以弥补自己的罪过。蒯聩已经被儿子深深打动，又有孔子在中间诚心进行调解，蒯聩当然不会接受这个主意，依然让儿子继续治理国政。大臣百姓也一定要辄为国君，于是卫辄就公布自己的罪过，向天子请示，昭告诸侯，一定要将国家交给父亲治理。蒯聩和群臣、百姓纷纷赞扬辄悔过、仁孝的美德，并请示天子，昭告诸侯，非要辄继续做他们的君主。于是，众人要求辄再次当卫国的国君，卫辄实在不得已，用类似于后世尊立'太上皇'的方式，带领着群臣、百姓先尊奉蒯聩为太上皇，让他养尊处优，最后才恢复了自己的君位。如此一来，君还是君、臣还是臣，父依旧是父、子依然是子，名正则言顺，有了这样一番举动，天下渐渐大治了。孔子所谓的端正名分，或许大致就是这样吧！”

【译文·47】

陆澄在鸿胪寺暂住，收到家里的书信，信上说他的儿子得了急病，生命垂危，他心里万分忧愁，几乎不能忍受了。

先生说：“这正是适合用功的时间。假如错过这个大好的机会，那么平时讲学又有什么用处呢？人主要就是在这时候来磨炼自己。父亲爱护儿子，感情至深，然而天理也有个中和的地方，过分了那就成了私心。这个时候，人们往往认为按天理应该是忧伤的，于是就一味地忧苦而不能够自拔，真正是‘心里有忧患，不能达到纯正’。一般说来，七情的表露，过分的多，不足的少。稍有过分，就不是心的本体了，必须调整到适中才可以。比如父母双亲去世了，作为儿女的谁不想一下子哭死心里才觉得痛快呢？然而，《孝经》中说，‘不能过分悲哀而失去原有的本性’。并不是圣人要求世人抑制情感，天理本身自有界限，不能够超越。人只要明白了心体，自然也就分毫都不能增减。”

【译文·48】

“不能说平常人都具有情感未发出来时的中正状态。那是因为本体与作用同源，有了这个本体，就有这个作用。有‘未发之中’

的本体，就会有‘发而皆中节’之和的作用。今天的人不能有‘发而皆中节’之和的作用，那么想必是他的情感在未发出来时尚不能实现完全的中正平和。”

【译文·49】

“‘初九，潜龙勿用’，这是《周易》乾卦的爻辞。《周易》里的卦象是指初画，《周易》的变化则是遇到了新画，《周易》中的占卜是利用卦辞和爻辞。”

【译文·50】

“存养夜气是对普通人而言的。做学问的人如果能够用功，那么，白天的时候无论有事没事，都是气的聚合发散在起着作用。圣人没必要讲求夜气。”

【译文·51】

陆澄就《孟子》之中“操存舍亡”一章向先生请教。

先生教导说：“‘人的善心出入有一定之规，没有谁知道它的方向’，这虽然是就平常人的心来讲的，做学问的人也应当明白心的本体真正是这样的。像这样，操守、存养功夫才能没有缺陷。不可以随便认定‘出’就是不存在的，‘入’就是存在的。

就本体而言，原本是无所谓出入的。假如谈到出入，那么，人进行思维活动就是为出，但人的主宰却昭然于心，哪里会有个出呢？既然没有出，怎么会有入？程颐先生所谓‘心要在腔子里’的腔子，也只不过是天理而已。虽然成天应酬，但是也不会越出天理的范畴，仍然在腔子当中。假如越出天理，那就是所谓的‘放’，也就是所谓的‘亡’。”先生又说：“出入也只是动静而已，动和静没个一定，哪里又会有方向呢？”

【译文·52】

王嘉秀问：“佛教一直以来都是以超脱生死来劝人信奉，而道教则以长生不老劝人信奉，其本来意思也不是干坏事，研究它最高最深的理论，也只是看到了圣人的上面一部分，但这并不是寻求真理的正路。好比如今为官的人，有的通过科考、有的通过举荐、有的通过继承，同样做到了大官，但假如不是仕途的正道，君子是不会实行的。道、佛到达了终极点，就和儒学大致相同了。然而有了上达的功夫，却失去了下学的功夫，终究不像圣人的学问，全体兼备。佛与道在上达方面与儒家相同，这点不能随便否认。后代的儒生，往往只注意到圣人的下面一部分理论，因而上下分裂失去真正的实际意义，失去了圣人的本意。从而使得儒学变为记诵、词章、功利、训诂的学说，最终不免发展成为异端。从事记诵、词章、功利、训诂之学的那一部分人，终身辛苦劳碌，丝毫没有收益。看到佛徒、道士清心寡欲，超然于世外，反而感觉到自己有所不及。事到如今，学者们不应先去排挤佛、道，而当笃志研习圣人的学说。圣人的学说阐明发扬了，那么道教和佛教自然就会消亡。否则，道教、佛教的信奉者对儒学的内容就会感到不屑，要道、佛两家的人降格相奉于儒学，那不是很困难吗？这是我的粗浅看法，先生认为怎么样？”

先生说：“你所说的大致正确，但是所谓的上边一部分、下边一部分，也都是人们理解偏颇才出现的。至于说到圣人大中至正的道义，上通下达，首尾互连，又有什么上面一部分、下面一部分之分呢？《易·系辞》之中讲的‘阴阳的交替变化就叫道，但仁者把它叫作仁，智者把它叫作智，平民百姓每天都接触阴阳之道而不自知，因此君子之道就很少有人知道了’。仁与智怎么能不称作道，但见解难免偏颇，难免会有问题出现。”

【译文·53】

“蓍草占卜固然是《周易》，龟背占卜也是《周易》。”

【译文·54】

陆澄问：“孔子一直认为周武王没有尽善，恐怕是对他有不满意的地方才会这么讲吧。”

先生说：“对周武王来讲，自然应当得到这样的评价。”

陆澄问：“如果周文王还活着，他将会怎么办？”

先生说：“周文王还活着的时候，他拥有三分之二的天下。当武王伐纣时，如果文王还活着，也许不动用兵甲，剩下三分之一的天下也必然会归于文王的治下。文王只要妥善处理与纣的关系，使纣王没有办法和机会作恶就可以了。”

【译文·55】

陆澄问：“孟子所说的‘持守中间态度而没有变化，也还是执着在一偏上’，应该怎么理解呢？”

先生解释说：“保持中庸状态仅仅是天理，只是还有变化更替。随时有所变化，如何能执着呢？必须根据情况的不同，采取不同措施，很难预先设定一个规矩。后世儒者要想把道理每一条都说得没有疏漏，预先立定一个规则而不懂得权变，这就是偏执了。”

【译文·56】

唐诩问：“立志就是要经常存有善念，还需要有为善去恶的念想吗？”

先生说：“善念存在时，就是天理。这个意念就称之为善，就不用想别的什么善了。这个意念不是恶的，就不需要除去什么恶了。这样的念头就像树的根芽。立志的人，永远确立这个善念就够了。《论语·为政》篇中说，‘依从天理之心去做事情，就不会超越规矩’，这才是志向达到了成熟的境界。”

【译文·57】

“精神、道德、言行举止，大多数是以收敛为主，向外扩散是出于没有办法。天、地、人、物也都是如此。”

【译文·58】

陆澄问：“王通是一个什么样的人呢？”

先生说：“王通差不多可以说是‘各方面都已经完备，只是某些方面比较欠缺’的人，可惜他非常年轻就病逝了。”

陆澄问：“可他为什么会犯下仿造经典的过失呢？”

先生说：“仿造经典这种行为也不能全盘否定。”

陆澄听了以后又问是怎么回事。

先生思索了很久，才说：“我更能体会‘良工心独苦’这句话的真正含义了。”

【译文·59】

“许鲁斋认为，儒生以谋生为主的说法，一定是误人子弟。”

【译文·60】

有人向先生请教道家所谓的元气、元神、元精指的是什么。

先生说：“这三者是一致的。气即流行，精即凝聚，巧妙地作用起来那就是神。”

【译文 · 61】

“喜、怒、哀、乐，本质上就是中和的。自己一旦有别的想法，稍有过分或达不到，那就是私欲了。”

【译文 · 62】

陆澄问：“《论语》中的‘哭过以后就不再唱歌’，应当怎么理解呢？”

先生说：“圣人的心体，本来就是这样的。”

【译文 · 63】

“克服自己的私欲，一点私欲都没有了才算是可以。只要有一点私欲存在，众多的邪恶就会一个个被引诱出来。”

【译文 · 64】

陆澄问《律吕新书》之中的内容怎么样。

先生说：“这本就是学者应当致力于关注的事情，否则把乐律算得再熟悉，恐怕也没有用处。心中必须有礼乐的根本才可以。

假如只是像书上说的用乐管来观察节气变化，那么到了冬至的时刻，乐管灰尘的飞动或许先后不同，又怎么知道哪个是冬至的正点呢？首先在自己的心中先明白冬至时刻才可以，否则就有个说不通的问题。所以，学者们必须先从礼乐的根本上用功。”

【译文·65】

徐爱说：“心就像一面镜子。圣人之心就好像明镜，平常人之心好像昏镜。近代的格物学说，就好比用镜子来照物，只在映照上下功夫，却不明白镜子昏暗了如何能照。先生的格物，就好像打磨镜子使它变得明亮，只是在磨上下功夫，镜子明亮之后，是不会耽误照物的。”

【译文·66】

陆澄向先生请教道的精粗的问题。

先生说：“道本身是没有精粗之分的，人们看到的道才有精粗的分别。就好像这间房子，人刚搬进来，只看个大致的规模。住的时间久了，房柱、墙壁等就都会看得清楚明白。时间更长了一些，房柱上的花纹也都能详细地看出来了，然而仍旧只是一间房子而已。”

【译文 · 67】

先生说："各位最近相见的时候，问得显少了，这又是为什么呢？人不用功，无不自以为已经明白了，只需根据前人的经验实行就可以了，却不知私欲在一天天膨胀，就像地上的灰尘，一天不进行打扫，就会又多了一层。踏实用功，就可以明白道的永无止境，越探究越深入，达到纯净洁白而没有一点不透彻的地步才算可以。"

【译文 · 68】

陆澄问："《大学》之中说知至以后才能讲求诚意。现在天理和私欲还没有完全弄明白，怎么能在克己上用功呢？"

先生说："人如果真的踏实践行，不断地用功，对于人心理的精妙之处，就能够逐日增进认识，对于私欲的细微之处，也能够逐日增进认识。假如不用克己功夫，成天就是说说而已，自己最终没有办法看到天理，也最终无法明白私欲。这就像人在行路，走了一段路，才能认识一段路，到十字路口的时候，如果有疑问就打听，打听了就又走，才能慢慢地到达目的地。现在的人们对已经知道的天理不肯存养，对已经知道的私欲不肯彻底放弃，却只愁不能知道的事，只会说空话，那能有什么好处呢？倒不如等自己无私欲可以克除的时候，再发愁自己不能完全知道的事，如此也不会晚。"

【译文·69】

陆澄问："道就是一，古人论道见解也大多会有不同，求道是否也须有要领在呢？"

先生说："道不受时间和空间的限制，不可以执着。仅仅局限于文义上求道，那么离道就越远。现在人只说天，其实又在什么时候见过天？认为日月风雷是天，不对；认为人物草木不是天，也是不对的。道就是天，能够认识这一点，那什么不是道呢？人只不过是凭自己的片面见解，认为道就是这样而不是那样，所以道才有了不一样。假如知道向深处探求，明白了自己的心体，那么，就无时无处不是这个道。道从古代到今天，无始无终，又有什么不同？心就是道，道就是天，明白了心也就知道了，知天了。"先生接着又说，"各位如果想确切看见这个道，必须从自己的心上体会和认识，不是到心外去寻求，才能够得到。"

【译文·70】

陆澄又问："名物、实物、仪则、数目，也需要事先进行研究吗？"

先生说："人只要能够成就自己的心体，那么具体的作用就在心体之中了。如果把心体修养得真的有一个未发之中，自然也就是有发而中节之和，自然是做什么都没有问题了。如果没有这样的心胸，就算事先讲了世上许多名物、实物、仪则、数目，与自己也没有多少关系，仅是一时的装饰，自然不能够处事应物。当然，这也并不是说全然不理睬名物、实物、仪则、数目，只是'知道所做事情的先后次序，那就算是接近道了'。"先生又说："人需要根据自己的才能来成就自己，这才算是他所能做到的。就好像，夔精通音乐，稷擅长种植，这就是他们的资质天性造成的。造就一个人，也还是要他心体完全是天理。他对待事物，也都是从天理上产生出的，然后才可称他是有才能。达到了纯天理的境界，也就能不被束缚。就是说让夔和稷彼此交换位置，夔种谷，稷作乐，照样能够行。”先生又说：“就像《中庸》中所说的，‘身处富贵，就应做富贵时该做的事；身处患难，就做患难时该做的事’，这都是不受限于某一职能，干什么都能够成功，这些只有将心体修养得纯正的人才可以做到。”

【译文 · 71】

“与其掘一个面积有数顷之大的没有源泉的池塘，倒不如来挖一口数尺之深的有源泉的水井，这样生机就会无穷无尽。”当时，先生正坐在池塘的旁边，身旁还有一口井，所以就用这个来比喻做学问时要立足于根源。

【译文 · 72】

有人问：“现在世风日下，远古时期的清明气象如何才能再看见呢？”

先生说：“一天就是一元。清晨起床以后坐着，还没有应事接物，这时候心中清明的景象，就好像是在伏羲的时代一样。”

【译文·73】

有人问："心如果要追求外物，应该怎么办呢？"

先生说："一国的君王庄严肃穆地坐在朝堂上，六卿各自管好自己应该管的事，天下一定可以大治。人心来统领五官，也要这样。现在眼睛要看时，心就要去追求色相；耳朵要听时，心就去追求美的声音。若是君主挑选官员，亲自到吏部；调遣军队，亲自去军营，那样，不仅君王的身份荡然无存，六卿也不能很好地尽到他们的职责了。"

【译文·74】

"善念萌发时要准确认识它，要及时去扩充它。恶念稍有萌生，就要知道并加以扼制。知道怎样扩充善念、扼制恶念，那就算是有志向，就是天赋予人的智慧。圣人就是有这样的智慧，学者则应该学习存养这种智慧。"

【译文·75】

陆澄问："好色、贪财、慕名等心，固然是私欲，但那些闲思杂念，为什么也称为私欲呢？"

先生说："这些闲思杂念，说到底是从好色、贪财、慕名等根上滋生的，你自己寻求本源的时候就会发现。比如你自信绝对没有做贼的想法，这是为什么呢？那是因为你根本就没有生出这种心思。如果你对色、财、名、利等想法，全都像不做盗贼的念头一样都消灭了，彻彻底底只是心之本体，怎么会来闲思杂念？这便是心体寂静不动，便是一切情感未发时的中正平和，便是心胸广阔、公正。这样自然能够感遇外物而无所不通，自然能够中正节制，自然可以在事物呈现于心体时能够顺应了。”

【译文 · 76】

陆澄向先生请教“志至气次”的问题。

先生解释说：“就是指志在哪里，气也跟着走到哪里。并不是志为极至而气为其次的意思。‘坚持自己的志’，养气就在其中了。‘不滥用自己的气’，也就是保持自己的志了。孟子为了拯救告子的偏见，才这样联系起来说。”

【译文 · 77】

陆澄问道：“程颐先生说：‘圣人的道行，必定是自我贬低而谦卑。贤人说的话，就是自我高看。’这句话应当怎么解释呢？”

先生说：“不对。如果是这样就虚伪做作了。圣人就像是天，无论到哪里都在，日月星辰之上的是天，地底下的也是天。天什么时候都不会降而自处于卑下地位。这就是所谓的大而化之。贤人就好像是山岳，仅仅保持着它的高度而已。但是，百仞之高不能再拉长到千仞，千仞之高不会再拉长到万仞。所以，贤人从没有自我高看，自我高看，就是虚假诡诈了。”

【译文·78】

陆澄问："程颐先生说过，'不应该在喜怒哀乐没有生发出来之前追求中和'，而李延平先生却教学生要学会看未发之前的景象，他们二人谁是正确的呢？"

先生说："都是对的。程颐先生只是担心学生在未发之前寻求一个中，就把中当作一件东西看待，就好像我曾说的把气定当作中和一样，所以教导学生只在涵养省察上用功。李延平先生担心学生找不到着手之处，所以教导学生时时刻刻寻求喜怒哀乐未发之前的景象，让人全神贯注地看和听未发之前的景象，也就是《中庸》上所讲到的'戒慎不睹，恐惧不闻'的功夫。这都是古人不得已而教导众人的话。"

【译文·79】

陆澄问："喜怒哀乐的中和，就全体来讲，普通人不能够都具有。比方说，碰到一件该有所喜怒的小事，平时没有喜怒之心的，到了事情来临的时候，也能做到中和的气节，这能称为中和吗？"

先生说："就一时一事来说，也可以称为中和，但并不能说是最大的根本和普遍的规则。人性本来都是善良的。中和是人人生来就具有的，怎么能说没有？然而，常人的心有时昏暗，受到蒙蔽，他的本体虽然时刻显现，终究还是明明灭灭，时隐时现，不能够让心的全部功能得到正常发挥。只有无所不中，然后才能够称之为最大的根本；无所不和，然后才能称之为普遍的规则。只有天下的至诚，才能确立天下最大的根本。"

陆澄问："我还没有弄明白'中'字的含义呢。"

先生说：“这须从心体上去认识，不是可以用语言表达的。中就是天理。”

陆澄问：“什么算作是天理？”

先生说：“只要去除私欲，就能认识到天理。”

陆澄问：“天理为什么能称为中？”

先生说：“无所偏倚。”

陆澄问：“无所偏倚，应该是个什么样的气象呢？”

先生说：“像明镜一样，全体透明清亮，没有一点污染。”

陆澄问：“偏倚就是有所污染，显现在好色、贪利、慕名等方面，就能看出偏倚。假如心未萌发，美色、名位、利益没有显现，又怎么能知道有所偏倚呢？”

先生说：“虽然没有显现，但平时好色、贪利、慕名之心并不是没有。既然不是没有，就是有。既然有，就不能说没有偏倚。就好像患了疟疾的人，虽有时不犯病，但病根没有袪除，也就不能说他是一个健康的人。必须把平素的好色、贪利、慕名等私欲统统清理干净，不能有纤毫存留，使得此心彻底纯洁空明，完全就是天理，才能够称之为喜怒哀乐未发之中，才是天下最大的根本。”

【译文·80】

陆澄问：“‘颜子死了以后，孔子的圣学就灭亡了。’我不得不对这句话产生怀疑。”

先生说：“众弟子之中只有颜回领会圣学最全面。这从《论语》之中他的一声叹息就可以看出来，他说‘夫子循循善诱，使用广博的知识来教育我，用合乎礼节的思想来规范我的行为’，这就是他研究透彻后才说出的话。广博的知识，合乎礼节的规范，为什么善于诱导别人呢？做学问的人必须认真考虑。圣道的全体，圣人也很难告诉世人它的内涵，必须由学者自己来觉悟。颜回说的‘虽然很想跟着来学习，却苦于找不到要领’，也就是文王见到了道却像没看到的意思。望道而没有看见，才是真正的识见。所以说自从颜回死后，圣学的正宗教义就不能完全流传下来了。”

【译文·81】

陆澄问：“身的主宰是心，心的灵明是知，知的发动是意，意的所着为物，真的是这样吗？”

先生说：“也对。”

【译文·82】

“只要时常存养本心，那就是学习。从前和将来的事情，想它又有什么好处呢？只不过失落了本心而已。”

【译文·83】

“言语的混乱，也可以看出本心的缺乏存养。”

【译文·84】

尚谦向先生请教，孟子和告子的不动心有什么区别。

先生说："告子的特点是硬抓着这颗心，强制使它纹丝不动；孟子却是积善而合义，到达了心自然不动。"先生接着又说，"心的本体原本是不动的。心的本体就是天性，天性就是天理。天性原本是不动的，天理也原本不动。积善而合义就是恢复了心的本体。"

【译文·85】

"万事万物都呈现在心中的时候，也就达到了寂然无我的境界；达到了寂然无我的境界的时候，心里就满满是万物丰盛。寂然无我就是'一'的父亲，统摄万物；万物丰盛是'精'的母亲，孕育万物。'一'中含'精'，'精'中含'一'。"

【译文·86】

"本心以外没有事物。就好像，我心中有孝敬父母的念头，那么，孝敬父母、亲人就是事物。"

【译文·87】

先生说："现如今在学习我说的格物之学的人，大多数还停滞在口授耳闻的阶段。更何况空谈阔论的人，怎能不是这样呢？

天理人欲，其细微的地方只有时时用力省察克治，才能够一天天有所发现。现在说的这段话，虽然是探讨天理，但不知心里忽然之间，就已经产生了许多私欲。私欲悄悄地产生，人就会毫无感觉，即使用力省察也不容易发现，更何况只是空谈阔论，又怎能全部查知呢？这个时候只顾讲天理，却放在一旁不去遵循；只顾讲克除私欲，却放在一边不去除，又怎么会是格物致知之学呢？后世的学问，就算是做到了极致，也只能算是偶然合乎‘义’的功夫吧。”

【译文 · 88】

陆澄问格物的内涵。

先生说：“格，即是正。矫正那些不正的，使得其归于正道。”

【译文 · 89】

陆澄问道：“‘知止’，就是知道至善只存于我心中，原本不在心外，而后志向才能够坚定吗？”

先生说：“的确是这样的。”

【译文 · 90】

陆澄问：“格物就是要在动处用功吗？”

先生说：“格物不分动静的，静也是运行着的事物。孟子说‘必然地去做集义养气的事’，那就是动静皆做集义养气的事。”

【译文·91】

“功夫的难处全落在格物致知上了，也就是说是否诚心诚意。意诚，大体上心也就自然中正，身也就自然得到了修养。然而，正心修身的功夫，也是各有不同的用力处的。修身就是在已发上，正心就是在未发上。心正也就是中，身修也就是和。”

【译文·92】

“从‘格物’‘致知’一直到‘平天下’，就只是一个‘明明德’，‘亲民’也是‘明德’的事。‘明德’就是此心中的德，也就是仁。仁者，以天地万物为一体，如果有一物失去安身的地方，就是我的仁还仍然有不完满之处。”

【译文·93】

“只谈‘明明德’而不谈‘亲民’，就和佛道两家的思想接近了。”

【译文·94】

"至善，本就是天性，天性本来没有丝毫的恶，所以称其为至善。要达到这种至善，就是为了恢复天性的本来面目而已。"

【译文·95】

陆澄问："如果知道了至善就是我的天性，那我的天性在我心中具备，我心就是至善存留的地方。那么，我就不会像原来那样急着向外求取了，心志也就能够安定了。心志安定了就不会有困扰，于是就得到了宁静。内心宁静就不妄动，于是就能够安稳，安稳就能专心致志在至善处寻求了。万虑千思，就是务必要求得这个至善，这样就能通过思虑达到至善。这样解释，不知道是不是正确？"

先生说："大致上是这样的。"

【译文·96】

陆澄问："明道先生说过'仁者以天地万物为一体'，那为何墨子的兼爱反而不能称之为仁？"

先生说："这也是很难讲明的，主要还是有赖于各位自己深刻的体会。仁是自然万物生生不息的天理，虽然它遍布宇宙，无处不存，但它萌生变化也是逐渐发展的，所以它才能够生生不息。就比方说，冬至时一阳开始产生，一定是从一阳开始的，渐渐六阳才能出现。如果没有一阳的产生，又怎么会有六阳出现呢？阴也是这样的。正由于有一个渐进，所以就有个开端的地方。正是因为有个开端处，所以才能够生发。正因为能够生发，所以才会不息不止。就好比这一棵树，树苗发芽就是树的生长发端之处。抽芽以后，长出树干，有树干以后再长出枝叶，然后生生不息。假如没有抽芽，怎么会有主干和枝叶呢？能抽芽，地下一定会有根在，有根才能够生长，无根便会枯萎。没有树根又如何会抽芽呢？父子、兄弟的爱，便是人心情感的生长发端之处，就好像树木抽芽。从此而仁民爱物，有如长出树干和枝叶。墨子的兼爱没有区分，把自己的父子、兄弟和陌生人一样来看待，这自然就失去了发端。不抽芽，便知道它没有树根，便不会生生不息，又怎么能称作仁呢？孝悌之心是仁的根本所在，仁的理就是从孝悌中生发出来的。”

【译文 · 97】

陆澄问道：“延平先生说：‘当理而没有私心。’怎么将合理和没有私心区别开来？”

先生说：“人的心就是天理。没有了私心，就是合乎了天理。只要不合乎天理，那就是存有私心。如果把心和理分开来解释，大概不会恰当。”

陆澄接着问：“佛家对于世间一切情欲私心都不沾染，似乎没有私心。但将一切外在的人伦关系全都抛弃，却也不合乎天理。”

先生说：“佛家和世人都是一回事，都只是要成就自己的一己私心而已。”

薛侃录

【译文 · 98】

薛侃问："一直坚守志向，心就一定会很累，一心只在痛苦上思虑，哪里有时间说闲话、管闲事呢？"

先生说："初学的时候这样下功夫也行，但是须要明白'志向出入没有确定的时间，也不知道去往哪里'。心中的神明原就是如此，所以下功夫时才有了着落。假如只是死守志向，恐怕在功夫上大概又会发生许多问题。"

【译文 · 99】

薛侃问："只知道重视德行的涵养而不致力于讲求，把私欲认作天理，这样该怎么办呢？"

先生说："一个人应当知道怎样学习。我们求学讲论无非论的是涵养德行。不求学讲论，只是因为涵养的心志不够真切。"

又问："怎么样才能算是明白了学习之道呢？"

先生说："你且先说说为了什么而学习？学习些什么？"

薛侃说："听您说过，求学是存养天理的行为。心的本体就是天理，体认天理，就是要求自己的心中没有私意。"

先生说："如此只要克除私心私意就算是够了。那又愁什么天理和人欲不能明辨呢？"

薛侃说："正是担心这些私意不能够认清。"

先生说："终究还是志向不真切的缘由。志向变得真切了，耳听目见的都在这里，哪有认不清楚的道理？'是非之心，人皆有之'，不需要向外界寻求，讲论探究也只是体会自己心中所领悟到的，不必再去心外寻求其他的见识了。"

【译文 · 100】

先生问在座的朋友："各位最近求学的功夫怎么样了？"

有位朋友用内心清虚明亮来比喻。先生说："这只是讲表面景象。"一位朋友讲述了今天和昨天的不同之处。先生说："这就是说效果。"

两位朋友茫然不解，于是向先生请教。

先生说："我们现在用功，全都是要使为善的心真切。善心真切了，见善就会向往，有过错就会主动改正，这才是真切的功夫。只有这样，人欲就会日益减少，天理就一天比一天明朗。如果只在那里寻求表面的景象，说些功用和效果，反倒助长了外求的毛病，不是追求真正的功夫。"

【译文·101】

朋友们凑在一起看书，经常摘选朱熹的语录加以讨论。

先生说："这就是故意挑毛病，这是不对的。我的主张和朱熹的主张有时也会有不一样的地方，主要是求学问的入门下手之处有毫厘千里的区别，不得不分辨清楚。但是，我的心和朱熹的心不一定会有什么不同。就好像，朱熹对文义解释得清晰妥当之处，我又怎么能随意改动一个字呢？"

【译文·102】

蔡希渊问："人虽然可以通过学习来成为圣贤，但是，伯夷、伊尹和孔子相比较起来，在才力上终究还是有所不同。孟子均把他们称为圣人，这又是为什么呢？"

先生说："圣人之所以成为圣人，只是因他们的心纯为天理而不夹杂丝毫的人欲。就好像精金之所以成为精金，只是因它的成色充足而没有掺杂铜铅。人到纯为天理才能成为圣人，金到成色十足才可以成为精金。然而，圣人的才力，也有大和小的分别，就如金的分量有轻有重。尧、舜就好像万金之镒，文王、孔子好像九千之镒，禹、汤、武王好像七八千之镒，伯夷、伊尹好像四五千之镒。才学能力各异，纯为天理却相同，因此都可称为圣人。就好像金的分量不同，而只要是在成色上相同，就都可以称为精金。把五千镒放入万镒当中，成色还是一致。把伯夷、伊尹和尧、孔子放在一起，他们的纯是天理同样一致。之所以成为精金，在于成色足，而不在于分量多少。之所以成为圣人，在于纯乎天理，而不在于才力大小。因此，平常之人只要肯学，使自己心纯为天理，同样可以成为圣人。比方说，一两精金与万镒之金来对比，分量的确要相差很远，但就成色充足的情况来看，则可以无愧。‘人皆可以为尧、舜’，根据的正是这一点。学者学习圣人，只不过是去除人欲而存养了天理罢了。好比炼金追求成色充足，金的成色相差不会太大，锻炼的功夫可以节省，而功效容易达成。成色越差，锻炼就越难。人的气质有清纯、浊杂的区分，就是有平常人之上和平常人之下的区别。对于道的认知，有生而知之、安而行之，学而知之、践而行之的分别。资质低下的人，必须是别人用一分的力，自己用百分的力，别人用十分的力，自己用千分的力，最后取得的成功才会是同样的。后世的人不理解圣人的根本在于心中纯粹是天理，却只是想在知识才能上力求成为圣人，认为圣人无所不知、无所不能，自己需要把圣人的许多知识才能逐一学会了才行。因此，他们不从天理上开始下功夫，而只是白白耗费精力，从书本上钻研、从名物上考究、从行为上进行模仿。越是这样，知识越渊博而人欲越滋长，他的知识能力越高而天理越被蒙蔽，正好像看见别人有万镒精金，却不肯在成色上锻炼自己的金子以求得无逊于别人的精金，只幻想在分量上赶超别人的万镒，把锡、铅、铜、铁等杂色金属混杂在一起进行冶炼，这样分量的确是增加了，但成色却越来越低下，等炼到了最后，便不再是金子了。”

当时，徐爱在一旁说道：“先生的这个比喻，足以打破现在儒者在认识上的混乱和误解，对于后来学者有很大的帮助。”

先生接着说：“我们用功来学习，但求日渐减少，不求日渐增加。减去一分私欲，便又恢复了一分天理，这样，多么轻快洒脱，何等简捷便易啊！”

【译文·103】

杨士德问：“格物的学说，诚如先生所教育我们的，简单明了，人人都可以听懂。朱熹聪明绝世，但是对格物的阐释反而有不太清楚的地方，这是为什么呢？”

先生说：“朱熹的精神气魄非常伟大，他在早年就下定决心要继往开来，所以，他一直在考据和著述这两方面用功。如果先切合自身进行修养，那么自然没有时间顾及这些了。等到德行提高时，如果真的忧虑大道不行于世，就会像孔子那样退而修订《六经》，弃掉复杂的，使学问变得通俗易懂，开导、启发后来学者，大概也就无须多少考证了。朱熹早年就著述了不少的书，到了晚年时才后悔，认为是颠倒了功夫。”

杨士德说：“朱熹晚年才悔悟，他说‘一直在反思先前确定根本的错误’，还说‘虽读了书，对提升自己却没有益处’，又说‘这些与死守书本，拘泥于语言文字的行为，是完全没有关系的’，这些话，都表明他此时才发现从前用功的错误，才去切合自身进行修养。”

先生说：“是的。这也正是人们不能赶上朱熹的地方。他力量强大，一旦悔悟就能立刻转变，可令人惋惜的是，醒悟以后不久他就去世了，平日里的许多错误都没能来得及改正。”

【译文·104】

薛侃在清除花中杂草时，感慨道：“为什么天地之间的善难培养，而恶却难以铲除呢？”

先生说：“只是没有真正去做培养善、铲除恶的功夫罢了。”

不多久，先生又说：“这样的角度看待善恶，只不过是从形体上产生念头，会产生错误的。”

薛侃没有理解。

先生还说：“天地生物，就如花草一般。什么时候有善恶的区别呢？你想赏花，就认为花是善的，草是恶的。要利用草的时候，又认为草是善的了。这些善恶，都是由人心的好恶而产生的，所以我知道是错的。”

薛侃问：“既然是这样，那么就没有善也没有恶了？”

先生说：“无善无恶是天理如此，有善有恶就是情绪引发的变动。不为情绪所动，就是无善无恶，那就算是至善了。”

薛侃问：“佛教也推崇没有善恶之分，和您的观点又有什么不同？”

先生说：“佛教的思想执着于无善无恶，其余的一概不管，是不能够治理天下的。圣人的无善无恶，只是不要刻意为善、不要刻意为恶，情绪不动。如此遵循着先王之道，到达极致，那就自然能依循天理，能辅助天地万物各得其所。”

薛侃说：“草既然不是恶的，那么，我们就不应该除去草了。”

先生说：“这样讲又成了佛教、道教的主张。如果草有所妨碍，那为什么不拔除呢？”

薛侃说：“这样就是又在有意为善、有意为恶了。”

先生说：“不刻意去为善去恶，并不是说全无好恶，若全无好恶，就会成为一个麻木不仁的人。我所说的不刻意去做，只是说好恶要遵循天理，再没有其他意思。这样的话，就与没有好恶是一样的了。”

薛侃问：“在除草时，怎么样才是全凭天理，没有私心呢？”

先生说：“如果草妨碍了你，就应该拔除。有时虽没有拔干净，也没必要成为心中的拖累。如果你在意的话，就会成为心体上的拖累，就会有许多情绪波动的地方。”

薛侃说：“这样说来，善恶就完全不在于物了。”

先生说：“只要在你的心中，遵循天理那就是善，情绪波动就是恶。”

薛侃说：“物的本身确实没有善恶之分。”

先生说：“在心是这样的，在物也是这样的。世界上的学者只是不懂这一点，丢掉了心，追逐万物，又把格物的学问完全理解错了，一天到晚向外寻求，只做得一个偶尔合乎天理的结果，使得自己一生的行为落不到实在的地方，学习了也不能够准确理解。”

薛侃问：“对于‘如同喜爱美色，如同厌恶恶臭’，又该怎么样去理解呢？”

先生说：“这是自始至终遵循天理的最好例子，天理本就当如此，本来就没有刻意来为善去恶的私心在这里。”

薛侃说：“‘如同喜爱美色，如同厌恶恶臭’，是怎么知道没有刻意安排的私心在里面呢？”

先生说：“在这里只有诚意，没有私意。诚意只会是遵循天理的意。虽然遵循天理，但也不能再添加一分私意。所以，有一丝愤恨与欢乐，心就不可能中正。大公无私的心，才是心的本来面貌。明白了这个道理，就知道了什么是‘未发之中’。”

伯生说：“先生所讲到的‘草有所妨碍，理应拔除’，为什么又说是从自己身上产生想法呢？”

先生说：“这是需要你在自己心中加以体会的。你打算要除草，是个什么心思？周茂叔不除窗前的杂草，又是什么样的心态呢？”

【译文 · 105】

先生对学生说："做学问必须有个目的，下功夫才会有方向。即使不能无间断，也应该像船有舵一样，关键时刻一提就明白。如果不是这样，虽然是做学问，但也只不过是偶尔合乎天理，只会行动而不能落实，学习而不理解，这并不是学习的原则和方法。"先生接着又说，"见到真道的时候，横说直讲都算是正确。如果此处畅通，别处不通，也只不过是没有见到真道。"

【译文 · 106】

有人说："做学问是为了父母，这不免有科举的拖累。"

先生说："由于父母的原因才来参加科举考试从而妨碍了学习，那么，为了侍奉父母而种田，也是妨碍学习吗？程颐认为'只是担心科举使人失去志向'，学者只需担心做学问的志向不真切就可以了。"

【译文 · 107】

崇一问："平时总是觉得思维非常忙乱，有事时固然忙，无事时也很是忙乱，这是怎么回事？"

先生解释说："天地之间万物的变化，本来就是没有一刻停止的。但有了一个主宰之后，就可以做到不先不后、不急不缓，就算是千变万化，主宰也是常定的，人正是因为有了这个主宰才产生的。只要主宰安定，好像天地运行一样不会停止，即使日理万机，也是可以做到从容自在的，也就是所谓的‘内心泰然，全身都会听从心的命令’，如果没有了主宰，只有情绪在心中四处奔流，那怎么会不忙呢？”

【译文·108】

先生说：“做学问最大的弊病就是崇尚虚名。”

薛侃说：“从前年开始，自己感觉到好虚名的毛病已经减轻了。最近仔细省察，才发觉这个毛病并没有彻底除去。好虚名仅仅是指外争声名吗？听到了夸赞就喜悦，听到了毁谤就忧闷，这其实也是好虚名的毛病在发作。”

先生说：“这很正确。名和实相对。务实的心加重一分，求名的心就减轻一分。如果全是务实的心，就不会有一丝求名的心。如果追求务实的心犹如在饥饿的状态下求食，在干渴的状态下求饮，哪里还会有好名的功夫？”先生又说：“‘担忧隐没于世间却名声不相称’的‘称’字读去声，也就是‘名声超过实际的情况，君子认为这是一种耻辱’的意思。实与名不相符，活着尚可以弥补，死了就再也来不及了。孔子就认为‘四十五岁而无闻’，指的是没有闻道，并不是指名声不为人知。孔子说过‘这是有名声，而不是达到道’，他怎么会以是否有名声而评价一个人呢？”

【译文·109】

薛侃经常对自己的言行悔悟反省。先生说：“悔悟就是治病的良药，然而重点在于改正了错误。如果只把悔悟念头留在心里，那么又是因药而生病了。”

【译文·110】

德章说：“曾经听说先生把纯金比喻成圣人，用分量的轻重来比喻圣人才力的大小，用锻炼的方式来比喻学者的功夫，这些喻义都很深刻。只是您认为尧、舜是万镒，孔子是九千镒，这种说法似乎不太恰当。”

先生说：“你这是从外在事物着眼的，所以才替圣人来争轻重。若不是从外在事物着眼，那么，就不会认为尧、舜万镒多，孔子九千镒少。尧、舜的万镒也就是孔子的，孔子的九千镒当然也就是尧、舜的，彼此之间本来就没有大的区别。之所以称为圣贤，只看心体是否精一，不在才力多寡。只要这颗心同样纯为存养天理，就同样可称之为圣。至于才力和气魄，又怎么可能完全相同呢？后世的儒者只知道在分量上比较，所以就陷入功利的泥潭当中。如果除去比较分量的私心，各人尽自己的力量与精神，只是在此心纯是天理上下功夫，就会人人知足，个个功成，这样就能大的成就大的，小的成就小的，不必外求，没有不完满充足。这就是实实在在的明善诚身的事例。后世儒者不能准确理解圣学，不懂得从自心的良知良能上体认和扩充，却还要去了解自己不知道的东西，掌握自己不会做的行业，一味好高骛远。不知道自己是桀、纣的心思，却动不动就要做成尧、舜的功业，这样怎么能行呢？终年劳碌奔波，直到最后衰老死去，也不知到底成就了什么，真是太可悲了！”

【译文 · 111】

薛侃问："先儒说心的静就是本体，心的动是作用，这样讲不知道是不是正确？"

先生说："心不可用动静来区分本体和作用。动静只是暂时的。就本体而言，作用在本体；就作用而讲，本体在作用，这就称作'体用一源'。假如说静时可见心的本体，动时可见心的作用，这样说就没有问题。"

【译文 · 112】

薛侃问："孔子说的上等的智人和下等的愚者，为什么不可以改变？"

先生说："不是不可以改变，只是两种人都不肯改变。"

【译文 · 113】

我请教《论语》中"子夏之门人问交"这一章该如何理解。

先生说："子夏说的是小孩子的交往场景，而子张说的是成人之间的交往场景。如果善于运用，也都对。"

【译文 · 114】

子仁问："'学而时习之，不亦说乎（学了以后时常温习它，不也是很愉悦吗）？’先儒说，学就是效法先觉者的行为，这样说是否正确？”

先生说：“学，是学习去除人欲、留存天理。若想去人欲、存天理，就自然会向先觉来求证。至于考求古训，就自然会下很多问辨、思索、存养、省察、克治的功夫，这些也不过是要除去心中的私欲，存养心中的天理而已。至于说到效仿先觉的所作所为，那只是说了为学的一件事，好像也是专门向外求取了。‘时习’犹如‘坐如尸’，并不是专门练习端坐，而是在端坐时锻炼这颗心。‘立如斋’，不是专门练习站立的，而是在站立时修习内心。‘说（悦）’是理义之悦，我心之悦。人心原来就欢喜理义，好比眼睛本来欢爱美色，耳朵欢喜听音乐一样。只是因为私欲的蒙蔽和连累，才会有那么多的不高兴。假如私欲一天天减少，那么，理义就能一天天滋润身心，又怎么会不高兴呢？”

【译文·115】

陈国英问：“曾子每日反省自身的功夫虽然非常真切，但恐怕还不理解一以贯之的功夫吧？”

先生说：“一以贯之就是孔子看到曾子没有掌握功夫要领才决定告诉他的。学者若真能够在忠恕上下功夫，难道不是做到了一以贯之吗？一个基本的思想就如同树的根，贯彻始终就好像树的枝叶。没有种根，哪来的枝叶？体用一源，本体还没有真正确立，作用怎么能出现呢？朱熹说过，‘曾子在心的作用方面，已经根据具体事物精细明察、竭力付诸行动，但是没能明白它的本体是什么’，这句话大概失之偏颇。”

【译文·116】

黄诚甫就《论语》中的“汝与回也，孰愈”一章，向先生请教。

先生说：“子贡博学多识，在见闻上下功夫，颜回却在内心上下功夫，所以孔子使用这个问题来启发子贡的思想。但是，子贡的回答却只停留在知识见闻上，所以孔子叹息，而不是赞扬他。”

【译文·117】

“颜回不迁怒于人，不重复犯错误，能够如此，也只有‘未发之中’的人才可做到。”

【译文·118】

先生说：“种树的人必须先培育树根，修德的人必须先修养自己的心性。要使树木长高，开始时就必须剪去多余的枝杈。要使德性盛大，在开始学习时就必须除去对外物的喜好。就如同喜爱诗文，那么精神就会逐渐倾注在诗文上。其他很多爱好也都是如此。”接着又说，“我正在此处讲学，讲的就是无中生有的功夫。各位一定要相信的，只是立志。学者就要立下一心为善的志向，就好像大树的种子，既不要遗忘它，也不要助长它，只管一直耐心培育下去，树干自然会日夜生长，生机日益完善，枝叶日益茂盛。树刚长出来的时候，有了分枝，就需要马上剪掉，然后树根、树干才能够健康长大。初学时也是这样。所以，立志最可贵的就是专一。”

【译文·119】

谈话时顺便谈到先生的弟子们，他们有的是在涵养上用功，有的则是在知识见闻上用功。先生说："只在涵养上用功，每天就可以发现自己的不足；只在知识见闻上用功，每天都会觉得自己懂得越来越多。每天感到不足的人，德行将会逐渐提高。每日感到有余之人，德行将会逐渐衰微。"

【译文·120】

梁日孚问："居敬和穷理明明是两件事，但先生为什么认为是一件事呢？"

先生说："天地之间只有一件事，怎么会有两件事呢？如果说到事物的千差万别，礼仪三百、威仪三千，那又何止是两件事？你不妨先说一下什么算是居敬，什么算是穷理。"

梁日孚说："居敬就是存养的功夫，穷理则是穷尽事物的天理。"

先生问："存养了什么？"

梁日孚说："存养心中的天理。"

先生说："这样也就算是穷尽事物的理了。"

先生又说："你来说说要怎么样穷尽事物之理。"

梁日孚说："比如说，侍奉父母就要穷尽孝道的理，辅佐君王就要穷尽忠的理。"

先生说："忠和孝的理，是在国君、父母的身上，还是在自己心上呢？如果在自己心上，那也就是要穷尽内心的理了。你再来说说怎样算是敬。"

梁日孚说："敬就是要专一。"

先生问："怎么样才算是专一？"

梁日孚说："比方说，读书就一心在读书上，做事就一心在做事上，不要有杂乱的想法。"

先生说："如此一来，饮酒就一心在饮酒上，好色就要一心在好色上，这不就成了追逐外物，怎么能称为居敬功夫呢？"

梁日孚请先生指教。

先生说："一就是天理，专一就是一心在天理上。假如只知道专一，不明白它就是理，那样的话，有事时就成了追逐外物，没事时就是冥思空想。只有有事无事都一心在天理上用功才可以。所以居敬也就是穷理。从穷理的专一角度而言，就算作是居敬；从居敬的精密角度而言，就算作是穷理。并非居敬后，再立一个心思去穷理，穷理的时候，又有了一个心思去居敬。名称虽然不一样，但功夫却是一回事。正如《易经》中讲到的'以敬畏来纠正内在的心志，以仁义来规范外在的行为'，敬畏就是无事时的仁义，仁义就是有事时的敬畏。这就是说敬畏和仁义结合仍是一回事。孔子曾说'修养自己来保持恭敬的态度'，也就不需要说到仁义了。孟子说'行事合乎仁义'，也就不需要说到恭敬了。领悟了这些以后，无论怎么讲，功夫却总是一样的。如果局限于文句，就会不了解根本，就会支离破碎，功夫就没有着落的地方。"

梁日孚问："为什么说穷理即为尽性了呢？"

先生说："心的体就是性，性就是天理。穷尽仁的理，就是使仁成为至仁；穷尽义的理，则是使义成为至义。仁与义只是我的性，所以，穷究事理就是尽性。孟子所讲的'人如果有满满的同情善良之心，完满的仁就会用之不竭'，就是穷理的功夫。"

梁日孚说："程颐先生说的'一草一木都有它的天理，不可以不知晓'，这句话是否正确呢？"

先生解释说："换作是我的话，我可没那个闲工夫。你且先去领会自己的性情，只有穷尽了人的本性之后，才能穷尽物的本性。"

梁日孚因此警醒而有了一定的体悟。

【译文 · 121】

惟乾问："为什么说良知是心的本体呢？"

先生说："良知就是天理最灵的地方，就其主宰处而言为内心，就其禀赋处而言为天性。幼年的儿童，没有一个不爱他的父母，没有不知道尊敬他的哥哥的。这正是因为，这个灵敏的良知还没有被私欲蒙蔽和迷惑，可以彻底充盈扩展开来，良知就完全地成为心的本体，与天地的德合一。然而从圣人以下的，人们没有不会被蒙蔽的，所以，需要通过格物来恢复人们的良知。"

【译文 · 122】

守衡问："《大学》中的功夫只有诚意，诚意的功夫只有格物、修身、齐家、治国、平天下。如果是这样的话，只要有一个诚意的功夫那就足够了。但是，《大学》中还有端正心态的功夫，认为愤怒和逸乐的心情，会使心不能够端正，这又是怎么一回事呢？"

先生说："这一点需要自己去思考、体会，明白之后，也就能明白感情未发出时的中正了。"

守衡再三请教先生。

先生说："做学问的功夫有深有浅，如果刚开始不肯专心致志去好善憎恶，那又怎么可以行善除恶呢？这种专心致志的功夫就是诚意了。然而，如果不懂得心的本体原本是空无一物，始终刻意地去好善憎恶，那就又多了这份刻意的意思了，就不是廓然大公了。《尚书》中所说的‘没有偏好，就不会做恶事’，那才是本体。所以说，有愤怒和逸乐的心情，心就不能端正。端正心志那就是在诚意上下功夫，认识自己的心体，经常使它清明持平，这就是‘感情未发出时的中正之道’了。”

【译文 · 123】

黄正之问：“《中庸》中说，戒惧就是自己不知晓情况时下的功夫，慎独就是自己知晓而别人不知晓时下的功夫，这么说您认为正确吗？”

先生说：“两者只是同一个功夫。没事的时候固为独知，有事的时候也同样只有自己知晓。人如果不知道在此独知处用功夫，仅是在人所共知处用功夫，那就是虚伪功夫，就是‘见到君子就刻意掩饰自己的不善’。这个独知处也正是诚实萌芽的地方。此处不管是善念还是恶念，没有丝毫的虚假，一对百对，一错百错，这里正是王和霸、义和利、诚和伪、善和恶的分界线。如果能在这里立定心志，就是正本清源，就是确立诚心。古人有许多诚身的功夫，他们的精神命脉全都在这里。不隐不现，无时无处，无始无终，都是这个功夫。如果又把戒惧当成自己不知时的功夫，那么功夫就会支离破碎，功夫就有间断。既然戒惧为知，如果自己不知，到底是谁在戒惧呢？如果持这种见解，就会沦入断灭禅定了。”

黄正之说：“不论是善念还是恶念，都不是虚假的，那么，只有自己知道的地方，就没有无念的时候了吗？”

先生说：“戒惧也就是意念。戒惧之念固然不可以间断，然而，假如戒惧之心稍有放松，那么人不是昏聩糊涂，就是流于恶念。从早到晚，从幼小到衰老如果没有意念，那就是自己没有了知觉，这种情形，不是在昏睡，就是形如槁木，心如死灰。”

【译文·124】

志道问：“荀子说‘养心最好的方法就是诚’，而前代的儒者则不以为然，这又是为什么呢？”

先生说：“这样一句话也不能认为它不对。‘诚’，那是从功夫上说的。诚为心的本体，如果要恢复心的本体，就是思诚的功夫。程颢说的‘以诚敬之心去实践它’，也就是这个意思。《大学》中也曾经讲道：‘如果要想端正自己的心思，就先要使自己的意念真诚。’荀子的话固然有漏洞，但也不能一味吹毛求疵。大致上说，对别人的话进行点评，首先就存在定论，就有了过当之处。就好像，‘为富不仁’，那就是孟子引用阳虎的话，由此可见圣贤的大公之心。”

【译文·125】

萧惠问：“自己的私欲难以克去，该怎么办呢？”

先生说：“让我来替你克去自身的私欲。”先生又说：“人就是要有为自己着想的心才能克去私欲，能够克去私欲，就能成就自己。”

萧惠问：“为自己着想的心我的确有，但是不知为什么不能克己。”

先生说：“那你来说说你为自己着想的心是什么样的。”

萧惠沉思良久，说：“我也一心要做个好人，便自我感觉很有一些为自己着想的心。现在想来，也不过是一个空有躯壳的我，并不是真实的自我。”

先生说：“真正的自己怎么能离开身体呢？恐怕你也不曾为那空有躯壳的我着想，你所说的空有躯壳的我，难道不是指耳目口鼻和四肢吗？”

萧惠说：“正是这些。眼睛追求美色，耳朵追求美声，嘴巴追求美味，四肢追求安逸。这些都无法克除。”

先生说：“美色使人目盲，美声使人耳聋，美味使人口伤，放纵令人发狂，所有这些，对你的耳目口鼻和四肢都是有损害的，又怎么会有益于你的耳目口鼻和四肢呢？假如真的是为了耳目口鼻和四肢考虑，那么就要考虑耳朵应当听什么，眼睛应当看什么，嘴巴应当说什么，四肢应当做什么。只有做到‘非礼勿视，非礼勿听，非礼勿言，非礼勿动’这些以后，才能算是实现了耳目口鼻和四肢的功能，这才真正是为了自己的耳目口鼻和四肢着想。到了现在，你整天向外边去寻求名、利，这些都只是为了你外在的躯体。如果你确是为了自己的耳目口鼻和四肢，那就必须‘非礼勿视，非礼勿听，非礼勿言，非礼勿动’，这时候，并不是你的耳目口鼻和四肢主动不去视、听、言、动，而是从你的心生发出来。其中视、听、言、动就是你的内心所想。你心的视、听、言、动通过你的眼、耳、口、四肢得以实现。假如你的心不存在，那就没有你的耳目口鼻。所谓的心，也不是专指那一团血肉。假如心专指那团血肉，现在有个人死去了，那团血肉仍然存在，但为什么就不能视、听、言、动呢？所谓的真正的心，就是那能使你视、听、言、动的‘性’，也就是天理了。有了这个性，才会有本性生生不息的事理，那也就是仁。性的生生之理，体现在眼时就能看到，体现在耳时就能听到，体现在口时就能说话，体现在四肢就能活动，这些都是天理驱使的结果。正是因为天理主宰着人的身体，所以才能称之为心。这心的本体，本来就只是一个天理，原来没有不符合礼制规定的事情存在，这就是你最真实的自己。这个真我，是人躯壳的主宰。假如没有了真我，那也就没有躯壳。确实是有了它就生，没有了它就死。你如果真是为了那个躯壳的自我，那么必须依靠这个真我，就需要经常存这个真我的本体。一定要做到戒慎不视，恐惧不闻，唯恐对这个真我的本体有一丝亏损。只要有丝毫的非礼萌生，就有如刀剜针刺，一点也无法忍受，必须把刀扔掉、把针拔掉。这才是为了自己着想的心，才能够克己。你现在是认贼为子，却反过来说什么有为自己着想的心，却不能克己呢？”

【译文 · 126】

有一位求学的人不慎得了眼病，十分忧愁。先生说：“你这样的想法是看重眼睛，看轻内心。”

【译文 · 127】

萧惠十分喜欢道教、佛教的学问。先生提醒他说："我从小就深信道教、佛教的很多学问，也自认为颇有收获，并且以为儒学不足为学。我在贵州龙场住了三年，发现圣人之学竟然如此简易、广大，那个时候才后悔自己三十年的气力全都用错了地方。大体来讲，道教、佛教学问精妙的地方与圣人的差别只是在毫厘之间。现在，你所学的只不过是道教、佛教学问之中的糟粕，还那么自我感觉良好，简直就像猫头鹰窃得一只腐烂了的死老鼠。"

萧惠向先生请教道教和佛教之学精妙的地方。

先生说："我向你解释说圣人之学简易而广大，但是你不肯问我所感悟的，却只是一直追问我所后悔的。"

萧惠十分惭愧地向先生道歉，并且向先生请教什么是圣人之学。

先生解释说："现在你做的只是表面功夫，不过是为了敷衍了事而问，等你修习到了一颗真想成为圣人的心的时候，我再对你讲吧。"

萧惠再三向先生请教。

先生却说："我已经用一句话给你说得非常明白了，但是事实上你还是没有明白。"

【译文 · 128】

刘观时向先生请教："'未发之中'是什么意思？"

先生解释说："只要你戒慎不去睹，恐惧不去闻，存养内心到达了纯粹天理的地步，就自然能够明白了。"

刘观时向先生请教"未发之中"的景象。

先生解释说："这个问题就像一个哑巴吃下了苦瓜，这种感觉向你说不得，但是你要明白其中的苦，还须自己去品尝。"当时，徐爱就在一旁说："这样才算作是真知，才算是行了。"一刹那间，凡是在座的各位都有所省悟，有所收获。

【译文·129】

萧惠就生死之道向先生请教。

先生说："知道了昼夜，就会知道生死。"

萧惠再次向先生请教昼夜的道理。

先生说："知道了白天，那就知道了黑夜。"

萧惠说："难道还会有人不知道白天吗？"

先生说："你能真正明白白天吗？迷迷糊糊地起床，胡乱地吃饭，行为不能自觉，修习不能警醒，成天都是昏昏沉沉的，这就是梦中的白天。只有做到'休息时必须保养身体与气质，就算是在瞬息之间也不能放心外驰'，如此心清醒明亮，天理没有片刻间断，才能够真正知道是白天。这才是天德，这就是明白了昼夜的道理了。知晓了昼夜的道理，哪还有什么关于生死的问题可令自己迷惑呢？"

【译文·130】

马子莘向先生请教："朱熹认为，'修道之教'是指圣人品节本性中一直有的道，那就是天下人效法的标准，就好像礼乐刑政之类，这种说法怎么样？”

先生说：“道本来就是人性，就是天命。道，本来是完完全全的，不可增减的，不用修饰的，何须圣人来做出评价和规定呢？这样的话不就成了不完美的东西了吗？礼乐刑政是治理天下的规范和最高依据，当然可以称为教，但并不是子思的原意。若依先儒的解释，中下等资质的人通过进行教育可通达大道，那么为何要弃圣贤礼乐和刑政的教化，从而另外说出一种戒慎恐惧的功夫呢？这样的圣人教导不就变成了虚设吗？”

马子莘继续向先生请教。

先生说：“子思的性、道、教那些都是从根本上讲的。天授命于人，那么命就是性；率性而为，那么性就是人所行之道；修道而学，那么道就是人所施之教。率性是‘诚者’经常做的事，正是《中庸》中所讲的‘由于真诚而能够自然明白事理，称之为天性’。修道是‘诚之者’的事，正是《中庸》中讲到的‘由于明白事理而能做到真诚，称为教化’。圣人能够率性而行就是道。圣贤之下的人却不能率性，那是因为他们的行为难免过分或欠缺，没有能力把握好分寸，所以必须修道。修道后，贤明智者就不会过分，愚昧不肖者就不会不及。依循着这个道，道就成了教。这个‘教’与‘天道至教’‘风雨霜露，无非教也’的‘教’是相同的。‘修道’与《中庸》上所讲的‘修道以仁’大致相同。先是能够修道，然后才能够不违背道，从而恢复他的性的本体，这就是圣人率性的道了。《中庸》后面所讲的‘戒慎恐惧’就是这种修道的功夫。‘中和’就是恢复性的本体。就像《易经》上所讲的‘穷尽事理，率性而为，用来达到天命的境界’。中和位育，那就是充分率性，达到了天命的境界。”

【译文·131】

黄诚甫向先生请教："《论语》中，孔子回答颜回关于治国的一些问题，先儒们认为它确立了万世常行之道，这种观点您认为怎么样？"

先生说："颜回是一个具备圣人的全部素质的人，对于这些治国的根本问题，他已经彻底掌握了。孔子平时对他已是十分了解，所以没必要再多说什么了，只是就典章制度上来谈一谈，这些也不能忽视，如孔子所说的那样才算是完善。更是不能因自己具有了这些本领而放松警惕，还应该'禁绝郑声，远离小人'。这是因为颜回是一个性格比较内向、十分注重道德修养的人，孔子忧虑他忽视了外在的一些细节，所以就他的不足之处加以教导。如果换作是别人，那么孔子一定会教导他们从政在于人才的多少和基本素质，选拔人才在于他自身的品德修养，品德修养在于这个人是否遵循道义，遵循道义取决于他有没有仁爱之心，通行不变的道，根据'九经'来治理国家，以及以至诚立身做事等，具有这些功夫，才能去治国，这方是万世常行的道。不然，只去用夏代历法、乘坐商代车舆、穿戴周代礼服、享受舜时韶乐，天下怎么能够大治？后世人只明白颜回是孔门第一高徒，而他又问了一个治国的问题，就把它看作天大的事了。"

【译文·132】

蔡希渊向先生请教："朱熹在《大学章句》之中，把格物致知排在诚意功夫之前，好像是与《大学》第一章的次序一样。如果按照先生的这种主张，仍依据旧本的话，那么，诚意就是在格物致知之前了，我对于这一点有些疑惑。”

先生说：“《大学》中的功夫就是指‘明明德’，‘明明德’只是个‘诚意’，‘诚意’的功夫就是‘格物’‘致知’。如果以‘诚意’为主，用‘格物’‘致知’的功夫，功夫就有了着落。也就是说，为善去恶都是‘诚意’的事。假如像新本所说，先去穷究事物的理，就会出现茫然而没有着落处的情况。必须增添一个‘敬’字，那样才能回到自己的身心来，但是毕竟没有根源。假如必须添个‘敬’字，那又为什么孔子及其弟子把如此关键而重要的字给遗漏了，一直要等到千余年后的今天才被人补上呢？所以我主张以‘诚意’为主要，就不用添加‘敬’。所以，特提一个‘诚意’，这些正为学问的主宰处。对这个如果弄不明白，真可谓差之毫厘，谬以千里了。一般来讲，《中庸》的功夫只是‘诚身’，‘诚身’的极限就是‘至诚’，《大学》中的功夫只是‘诚意’，‘诚意’的极限就是‘至善’，功夫全都是一样的。现在在这里添上一个‘敬’字，那里就一定要补上个‘敬’字，未免画蛇添足了。”

中卷

钱德洪序

【译文·133】

钱德洪说："过去，南元善在浙江绍兴时刻印的《传习录》分为了上、下两册。下册以收录先生的八封书信为主。其中在答徐成之的两封信中，先生说道：'天下赞成朱熹的观点，排斥陆九渊的观点，这么长时间以来已经成为定论，想要改变过来，那是十分困难的。这两封信就是为了调解朱陆学说之间的争辩，使得人们通过思考而得出自己的结论。'"所以，南元善将这两封信放在下册的一开头，这样做的用意非常好。时至今日，世人已经明白朱陆之辩的内涵。所以我在刻印先生的《文录》时，就把这两封信置于《外集》之中了，主要是有些观点到现在还是不够完善，所以，现不做收录。关于其他知行本体方面的论述，在《答人论学》《答周道通书》《答陆清伯书》《答欧阳崇一》等四封信中最为详尽。在《答罗整庵书》之中，明确道出了格物就应是学者平常所做的功夫。先生终生都在面对世人的诽谤和诋毁，虽在万死一生的逆境中，却始终不忘记讲学。他老人家深忧我们这些弟子不能够准确了解圣学而被功利和技巧所迷惑，以致毫无知觉中沦为禽兽夷狄。先生终生兢兢业业地追求着与天地万物融为一体的至高境界，直至生命的最后时刻。这种孔孟以来圣贤所独有的良苦用心，绝不会因为学生和亲人的劝慰而有丝毫的动摇。先生的情怀，在《答聂文蔚》的第一封信中有着详细的表露和论述。这几封信，都是按照南元善原本刊刻而收录的。先生在《答聂文蔚》的第二封信中，详尽地揭示了‘必有事焉’就是‘致良知’的功夫，论述明白简洁，使人过目不忘，所以也把这一段增录了进来。南元善当时的处境非常艰难，仍把讲授阳明先生的学说作为己任，虽然最终遭到了奸臣的排挤。但是他仍然认为，他接受阳明先生的学说是一生中最大的幸事。所以，他没有半点愤愤不平的想法。人们都是知道的，他刊刻的《传习录》，对于有志于学的朋友帮助是非常大的，但就是不知他其时处境的艰难。到了现在，我对他记录内容的取舍，是依据当下的需要采取的一系列措施，绝对不是对南元善所刻的《传习录》旧本的损害。

答顾东桥书

【译文 · 134】

来信中写道：如今的学者们，只是重视外在的知识和学问，却往往忽略了内在的修行，虽然学识广博却没有得到要领。所以，先生针对这种情况着重提倡"诚意"，借以拯救思想上已经病入膏肓的学子们，真正是有极大的价值！

你既已如此洞察时事弊端，那你又打算采取什么方法去救治呢？当然了，我的心思，你已经用一句话把它说得非常透彻了，那我还有什么好说的呢？对于诚意的主张，原来就是圣人教人用功的首要的事，但是近世学者却把它看成了低下的事情，正是在这样的情况下，我才把诚意表现了出来，这并不是我自己独立倡议的。

【译文 · 135】

来信中写道：只担心先生的学说过于高深，下功夫的途径过于便捷，后学徒生递次相师相传，会产生谬误，不免使得修习之人堕入佛教明心见性、定慧见悟的禅机之中，难怪听到您的学说的人会产生怀疑。

我的格物、致知、诚意、正心的全套观点，就是针对学者的本心与日常处事来说的，体会研究、躬身力行、实地用功，这些需要经历多少阶段，包含了多少积累！这正好与佛教空虚顿悟的观点相悖。听到我的学说的人并没有成为圣人的志向，也没有仔细考察其中的细节，所以才产生怀疑，我觉得这些并不奇怪，像你这么聪明的人，本当一说就非常清楚了，却也认为这样的说法立论过高、用功过快，这又是为什么呢？

【译文·136】

来信中写道：所谓知行齐进，不应该区分先来后到，这也就是《中庸》中提到的“尊德性”和“道问学”的功夫，就是互相存养、互相促进、内外本末一以贯之的道理。可是，功夫的顺序，不能没有先后的分别，就好像知食才吃，知汤才饮，知衣才穿，知路才行，没有没见过这个物就先有这个行为的情况。这些只是毫厘瞬间的差别，并不是说，非要等今天知道，明天才去实施。

你既然讲“交养互发，内外本末一以贯之的道”，那么知行并进的主张也应该是毫无疑问的。又讲“功夫的次序，不能没有先后之分”，这难道不是自相矛盾？知食才会吃的例子，浅显易懂，但是你被现在的观点蒙蔽了，那么自然不能有所省察。人一定是先有了想吃的心，然后才能知食。想吃的心就是意，也就是行的开始。食物味道的好坏，必然放到口中才能够知道，哪里有未入口就能知道食物味道好坏的情况出现呢？有想行走的心，然后才知道路，想行走的心那就是意，也就是行的开始。道路的坎坷曲折，要亲身经历体会才能知道，哪里有未等亲身经历就先知道路途的坎坷曲折呢？知汤才饮，知衣才穿，依次类推，均没什么可以怀疑的。假使如你所说，那就正是不见这个物就先有了这个行了。你又说："这也是有毫厘刹那的区别，并不是说，一定要等今天知道了，明天才会去实行"，这种说法也是体察不够精确的原因。即使如你所说的那样，知与行同时并进的主张，也是没有什么可怀疑的。

【译文·137】

来信写道：真知是需要去践行的，不践行不能称为知。这是向求学者指出的有效方法，学者必须躬身实行。但是，倘若真的认为行就是知，恐怕学者就会专求本心，从而忘记了事物之理。这样，就会有偏颇而不通达之处，又怎能是圣学知行并进的既定方法呢？

知的确切充实处就是行，行的明觉细察处就是知。知行的功夫，并不能分离。只因后世学者把知行分成两部分来用功，抛弃了知行的本体，因此才有知行合一、一起行进的主张。真知就是能够去行，不行就不能称为知。如你来信所讲，知道食物才吃等例子也可说明，这一点在前面已经简要谈到了。这虽然是为了拯救时弊而提出来的，然而，知行的本体本是如此，并不是用自己的意念来抑扬其中，随便提出观点，以求得一时的效用。只求本心，抛弃物理，这就是丢失了本心。因为物理并不在我心之外，在我心之外去寻觅物理，就是没有物理了。抛弃物理反而求我心，那么我心又是什么呢？心的本体是人性，人性就是天理。因此，有孝敬父母的心，就有孝敬的天理；没有孝敬父母的心，也就没有孝敬的天理。有忠于君主的心，就有忠诚的天理；没有忠于君主的心，也就没有忠诚的天理。理怎么能在我心之外呢？朱熹说：“人之所以为学者，心与理而已。心虽主乎一身，而实管乎天下之理。理虽散在万事，而实不外乎一人之心。”他把心和理一分一合来说，启示学者把心、理当成两物来看待。所以，后世方有专求本心而抛弃物理的弊病。就是因为不知心就是理，去心外寻觅事物之理，才有偏颇而不明晰的地方。这就是告子为什么说义在心外，而孟子则认为告子不明白义的原因。心只有一个，就心的整体的忧惧来说，可称为仁；就心的合理处来说，可称为义；就心的有条理来说，可称为理。不可在心外寻觅仁，不可在心外寻觅义，又如何可以在心外寻觅理呢？去心外求理，就是要把知行分开，看成两件事。在我心中求理，就是圣贤知行合一的主张，对此，你认为还有什么地方存有疑问呢？

【译文·138】

来信说：先生在对《大学》旧本进行注释时说，致知是获求本体的知，这与孟子尽心的主旨相同。但朱熹也用虚幻知觉来指人心的全体，他认为，尽心是因为知性，致知则依赖于格物。

“尽心是因为知性，致知依赖于格物”，这句话还是比较准确的。然而，仔细推敲你话中的含义，你这样说，是因为还未明白我所说的致知。朱熹说“尽心、知性、知天”是格物、致知；“存心、养性、事天”是诚意、正心、修身；“夭寿不贰、修身以俟”是知的终点、仁的尽头，是圣贤的事情。我的看法，与朱熹恰恰相反。“尽心、知性、知天”就是生知安行，是圣人的事情；“存心、养性、事天”，就是学知利行，是贤人的事情；“夭寿不贰、修身以俟”就是困知勉行，是学者的事情。怎么能只认为“尽心知性”是知，“存心养性”是行呢？你刚开始听这些话，一定会大吃一惊。但是，此处不容置疑，且容我一一解释明白。心的本体是性，性的本原是天。能尽自己的心，也必然能尽自己的性。《中庸》中说：“惟天下至诚为能尽其性。”又说，“知天地之化育，质诸鬼神而无疑，知天也”。这些只有圣人能做到。因此说，这是生知安行，是圣人做的事情。需要存养心性，是因为不能尽心，因此必须有存养的功夫，必须是存养了很久，到了不须再存养而自然无时不存养的地步，才可说是尽心。“知天”的“知”，如同“知州”“知县”的“知”。知州，一个州的事情都是自己的事；知县，一个县的事情都是自己的事。“知天”，就是与天合而为一。“事天”就好像儿女侍奉双亲，大臣侍奉君主，终是把人与天分开为二了。天给予我的，是心，是性。我只能保留而不能丢失，只敢存养而不敢伤害，犹如“父母全而生之，子全而归之”。因此说，学知利行，是贤人的事情。“夭寿不贰”的问题与存养心性又有区别。存养心性的人，虽然无法穷尽自己的心，但他总是一心向善。有时失去了本心无法避免，只需加以存养就行了。如今要求人不论夭寿始终如一，这依然是将夭寿一分为二了。用夭寿把心分为两部分，是由于人向善的心不能专一，连存养都说不上，尽心又从何说起呢？如今要求人不要因为夭寿而改变行善的心，这好像是说死生夭寿都是命，我只要一心向善，修养自身以等待天命而已。这主要是由于他平常不知道有天命。事天虽是把人和天一分为二，但却真正知道了天命的所在，人只要恭敬地顺应天就足够了。说到等待天命，就是还不能真正知道天命的所在，还在等待，因此说“所以立命”。“立”是“创立”的“立”，好比“立德”“立言”“立功”“立名”的“立”。大凡说立，均是从前没有，现在才建立的意思，就是孔子所谓的“不知命，无以为君子”。因此说，困知勉行，是学者的事情。如今把尽心、知性、知天看成格物致知，使初学的人在还不能分心的时候，就马上催促他去做圣人做的生知安行的事情。这好像捕风捉影，使人茫然无措。这怎能避免“率天下而路”的后果呢？如今，致知格物的弊端，已十分明显了。你所讲的重视外在知识而轻视内在修养，虽知识广博却不得要义，这如何就不是错误呢？这正是做学问的关键所在，此处一出差错，就会处处出差错。这正是我之所以甘愿冒天下的非议和嘲讽，不顾受到怪罪和责难，还要喋喋不休的原因所在。

【译文·139】

来信中说：听说您对学生说过，即物穷理也算是玩物丧志。又将朱熹关于厌繁就约、涵养本原学说的几封信拿出来，一一出示给学生看，并把这些称为朱熹的晚年定论，恐怕事实并非如此。

朱熹所说的格物，是指在事物中穷究事物的理。即物穷理，是从各种事物中寻觅其原本的理。这是用自己的心到各类事物中去求理，把心与理一分为二了。在事物中觅理，好比在双亲那里求孝的理。在双亲那里求孝的理，孝的理是在我的心中，还是在双亲的身上呢？如果真在双亲身上，那么，双亲去世后，孝的理在我心中不就消失了吗？看见孩子落到井中，必产生恻隐之心。

这个理到底是在孩子身上，还是在我内心中的良知上呢？也许不能跟着孩子跳入井中，也许可以伸手援救，这都是所说的理。这个理究竟是在孩子身上，还是出于我内心的良知呢？从这个例子中可以看出，各类事物的理全是这样。由此可知，将心与理一分为二是错误的。把心与理一分为二是告子以义为外的主张，正是孟子极力反对的。重视外在知识而轻视内心修养，知识广博却不得要义，既然你已明白这些，它到底该怎么说？我说它玩物丧志，你认为有什么不准确之处？我讲的格物致知，是将我心的良知推及各种事物上。我心中的良知，也就是所说的天理，把我心中的良知的天理推及各种事物上，那么，各种事物都能获得理了。推及我心的良知，就是致知。各种事物都得到理，就是格物。这是把心与理合而为一。将心与理合而为一，那么凡是我之前所讲的内容，还有朱子晚年的学说，就不言而喻了。

【译文·140】

来信写道：人的心体原本没有疑惑，但由于被外物束缚蒙蔽，不昏庸的就很少有了。如果不通过学、问、思、辨来深察天下之理，那么，善恶的起因，真伪的分辨，就无法知晓，就会任意放纵，它所产生的危害将无法言表。

以上这段话总体上似是而非，这是因袭以前的错误说法，此处不能不辨明。学、问、思、辨、行，都是所谓的学，少有学而不实践的。例如学孝，就必须赡养双亲，躬行孝道，然后才叫作学。怎能以空言称学孝呢？学射箭就必须张弓搭箭，全力拉满弓以期命中目标。学写字，就必须准备好笔墨纸砚。世上所有的学，没有不去行动就称为学的。因此学的开始，就已经是行动了。笃，就是敦厚诚信的意思。已经去行动了，还要反复去行动，加以强化。学必须有所疑，有疑才有问，问就是学，就是行动。问了之后还有疑，有疑就有思。思就是学，就是行动。思考后还有疑，有疑就有辨。辨就是学，就是行动。辨已明，思已慎，问已审，学已能，仍在持续用功，这就叫作笃行。并不是说在学、问、思、辨之后，才肯去行动。因此，对能做成事而言，为学；对解除疑惑而言，为问；对知晓事物的道理而言，为思；对细致考察而言，为辨；对勤勤恳恳地做而言，为行。分析它们的功用，有五方面；合起来看其中的事，只有一件。这就是我的心理合一的本体和知行并进的功夫的观点，之所以不同于后世之说，就在于此。现在你只举出学、问、思、辨来穷尽天下的道理，却不讲笃行，这样反而以学、问、思、辨为知，而穷理则没有行动了。天下怎能有不行动而学的呢？怎能有不行动就可以称为穷究天理的呢？程颢说："只要能穷尽事物的理，就可以使本性充分发挥，达到知天命。"因此，行仁必须达到仁的极致，之后才能说穷尽了仁的理；行义达到义的极致，之后才能说穷尽了义的理。行仁达到仁的极致，就能尽仁的性；行义达到义的极致，就能尽义的性。学已经能穷理到极致，却还未落实到具体的行动之中，天下怎会有这种情况？由此可知，不行动不可以称为学，不行动不可以称为穷究天理。知行是合一并进的，绝不能把它们分为两件事了。既然万事万物的道理并不存在于我们的心之外，而又非要说穷尽天下的事理，这或许是认为我心的良知不足，而非要向外遍求天下的事物，好弥补心的不足。这仍然是把心与理一分为二了。学、问、思、辨、笃行的功夫，虽有人素质低下，要付出比别人多百倍的艰辛努力，但当到了尽性知天这一功夫的极致，也只不过是尽我的良知罢了。

良知之外，还能再加分毫吗？如今，非要说穷尽天下的理而不知返回到内心寻觅，那么，你所说的善恶的起因、真伪的分辨，摒弃了我心的良知，又将如何去体察呢？你所说的气的束缚与物的遮蔽，正是“穷天下之理”的束缚和遮蔽罢了。今天，要摒弃这一毛病，不想在内心做功，却想向外寻觅，如同眼睛看不清楚，不去用药调理来治疗眼疾，反而到身外盲目地寻觅光亮，试问，光亮怎能找到？肆意放纵的弊端，也是因为不能在人心良知上仔细探究天理。这种差之毫厘、谬以千里的问题，不能不加以分辨明析。你不要认为我的说法太过严苛了。

【译文·141】

来信写道：您教导学生要致知明德，却劝导他们不要即物穷理，难道那些糊涂的人深居端坐，不闻圣人的教导和劝诫，就可以有知识、有德行吗？即使他静中有所觉悟，对本性稍有体悟，那也是像佛家定慧一样毫无实用的见地，难道他真能知晓古今，通达权变，在国家需要时有用武之地吗？您说，知是意的本体，物是意的作用，格物的格，有如格君心不正之念的格。此话虽有高超的悟性，有独到的见解，但恐怕也与圣道无法吻合吧？

我所说的格物致知，就是为了穷尽天理，并没有告诫别人不要去穷尽天理，让他深居端坐，无所事事。若将即物穷理讲成如前所述那样重视外在知识，忽视内心修养，那也是有误的。糊涂之人，如果真能在事物中体察人心的天理，发现本有的良知，那么，愚蠢会变得聪明，柔弱会变得刚强。坚持下去，人就能立大本，行大道，九经之类，就能一以贯之而没有遗漏，怎么还会发愁没有实际用处呢？那些只谈空虚寂静的人，正由于不能在具体的事物中体察人心的天理，以发现本有的良知，因而摒弃了伦理，还以寂灭虚无为正常。所以，这样的人不能治理好家庭、国家。谁说圣人穷尽天理、充分发挥人性的观点，也有这样的不足呢？心为肉身的主宰，而心的虚灵明觉，就是它本身所具有的良知。虚灵明觉的良知因感应而动，就为意。先有知然后才有意，没有知也就没有意。知难道不是意的本体吗？意的作用，必有相应的物。物，就是事。比如，意用于孝亲，孝亲就是一物；意用于治民，治民就是一物；意用于读书，读书就是一物；意用于断案，断案就是一物。只要是意作用的地方，就会有物的存在。有什么样的意念就会有什么样的事物，没有什么样的意念就没有什么样的事物。事物莫非不是意的作用吗？关于“格”的解释，有用“至”来解释的，如“格于文祖”“有苗来格”，要用“至”来解。然而，到文祖庙前祭祀，必须纯孝虔诚，要对人间和阴间的理无所不晓，然后才为格。苗人的愚笨，只有先实施礼乐教化，然后才能格，因此格也有“正”的意思，不能仅仅用一个“至”字来解释它所有的含义。例如，“格其非心”“大臣格君心之非”的“格”，都是矫正不正以达到正的意思，此处就不可用“至”来解释了。《大学》中的“格物”，为什么不能用“正”而非得用“至”来解释呢？若用“至”的意思，必说“穷至事物之理”，然后这种解释方能说得通。但如此一来，用功的关键全在“穷”字上，用功的对象，全在“理”字上。假如前面删去“穷”，后面删掉“理”，直接说致知在至物，能解释得通吗？“穷理尽性”是圣人早就有的教导，在《易经·系辞》中有一些记载。假如格物真为穷尽天理，那么圣人为何不直接说“致知在穷理”，而一定要说这种意思模糊而且不完整的话，用以导致后世出现弊病呢？《大学》的“格物”观点和《易经·系辞》的“穷理”的意思基本相同，只是略微有点区别。穷理，包括了格物、致知、诚意、正心的功夫，因此，说穷理，格物、致知、诚意、正心的功夫全包含在其中了；说格物，就必须再说致知、诚意、正心，然后格物的功夫才会完整而周密。现今片面地举出格物，说这就是穷理，这只是把穷理当成知，而认为格物没有包含行。如此不但不能知晓格物的本义，连穷理的意思也被曲解了。后世的学问，之所以把知行分成前后两段，使知行日渐支离破碎，而圣学也一日日残缺生涩，其原因就在于此。你沿袭了这一主张，以为我的观点与圣学之道不相吻合，这样也就不奇怪了。

【译文·142】

你来信写道：所谓致知的功夫，就是怎样能使父母冬暖夏凉，怎样侍奉父母，也就是诚意，不是其他所谓的格物，这大概不对吧。

你这是用自己的意思猜我的观点，我并未对你这样说过，如果真如你所言，又怎能说得过去呢？我认为，使父母能冬暖夏凉、奉养周到，便是意念，而不是所说的诚意。必然切实践行使父母冬暖夏凉、奉养周到的意念，并且在做的时候感到愉悦，没有违背自己的本心，这样才可称为诚意。知道如何做到使父母冬暖夏凉，知道如何奉养周到，这只能是所说的知，而非致知。必须将使父母冬暖夏凉的知识落到实处，切实做到使父母冬暖夏凉；运用关于奉养周到的知识，切实将父母奉养周到，这才可称为致知。使父母冬暖夏凉、奉养周到之类的事，就是所说的物，并不是格物。必须在使父母冬暖夏凉、奉养父母的事上按照自己良知所知的去做，而没有丝毫不尽之处，才能称之为格物。使父母冬暖夏凉的物格了，然后想让父母冬暖夏凉的良知才算致了；奉养父母的物格了，然后要奉养父母的良知才算致了。因此《大学》里说，“物格而后知至”，致了想让父母冬暖夏凉的良知，然后使父母冬暖夏凉的想法才是诚挚的；致那个知道奉养周到的良知，然后这样的意念才是真诚的。所以《大学》又说，“知至而后意诚”。我对诚意、致知、格物的解释大致如此，你再仔细想一想，也就没有什么可疑惑的了。

【译文·143】

你来信写道：圣道从大的方面来说，人容易理解，你所说的良知良能，愚夫笨妇也能明白。至于那些细节、条目的不断变化，则差之毫厘，谬以千里，必须等学习过之后才能明白。现今要在温凊定省上说孝，谁人不知？至于舜没有向父亲禀报而娶妻，武王没有安葬文王而伐纣，曾子养志而曾元养口，小杖承受而大杖逃跑，割股肉而疗治父母的病，为亲人守丧三年这些事情，在正常与变化、过分与不及之间，必须讨论出一个是非标准，以此作为处理各种事情的依据，然后人心的本体才能不被遮蔽，遇事才能没有过失。

圣道的大的方面容易理解，这句话是正确的。只是后来的学者忽略了那些容易理解的道而不去遵守，却把难以理解的作为学问，这正是“道在迩而求诸远，事在易而求诸难”。孟子说过：“圣道就像大路，难道很难理解吗？人们的问题在于不愿去探究而已。”在良知良能方面，愚夫笨妇与圣人没有什么区别。但只有圣人能致良知，愚夫笨妇则不能，这正是二者的区别。细节、条目的随时变化，怎能瞒得过圣人？只是圣人不在这上面大力宣扬。圣人所谓的学问，就是去致其良知以精察心中之天理，这与现今所谓的学问大相径庭。你还没有去致良知，而在那里无谓地担心这些小问题，这就是把难以理解的作为学问的弊端。良知良能与随时变化的细节、条目的关系，好比规矩尺度与方圆长短的关系。随时变化的细节、条目的不可预知，犹如方圆长短的无法穷尽。因此，规矩一旦确立，方圆与否就得以确立，而天下的方圆也就没有尽头；尺度一旦制定，长短与否就不可遮掩，而天下的长短也就没有尽头；良知能够“致”了，随时变化的细节、条目就得以确立，而天下随时变化的细节、条目也就能运用自如了。毫厘之差所导致的千里之谬，不在我心良知的细微处探究，又在什么地方用功呢？这如同不用规矩却要确定天下的方圆，不用尺度却要测定天下的长短，只会导致终日辛苦而没有收获。你说在温凊定省上讲孝，谁都知道，但真能致其知的人实在太少了。若说大概地知晓温凊定省的礼仪，便说能致良知，只要是知道君主应该仁义的人，都可以说他能致其仁的知；知道臣属应尽忠的人，都可以说他能致其忠的知，那么，天下谁人不是致知的人呢？由此可知，致知必须落实在行动上，不行动而空谈就不是致知，这是最明白不过的道理。知行合一的本体，不就更清楚了吗？舜不禀报父亲而娶妻，难道是在舜之前就有了不告而娶的先例，因而使他查看了什么典籍，向别人做了求教，才这样做的呢？还是舜依据自己的一念良知，权衡轻重后，没有办法才这样做的呢？武王不葬文王而讨伐商，难道是在武王之前就有了不葬而兴师的先例，因而使他查看了什么典籍，向别人做了求教，才这样做的呢？还是武王依据自己的一念良知，权衡轻重后，无奈才这样做的呢？

如果舜不是真的担忧没有后代，武王不是真心拯救百姓，那么，舜不禀报父亲而娶妻，武王不葬文王而讨伐，这就是最大的不孝和不忠。后世的人不愿尽力致良知，不在处理问题时细察义理，反而去空谈一些不循常例的事，一口咬定这些才是处理事情的根据，以求遇事时没有闪失，如此就离正确的方向太远了。其他的几个例子，都可以依据上面的例子来类推，那么古人致良知的学说，就能知晓了。

【译文·144】

你来信写道：您认为《大学》的格物观点，只求本心，这尚可说得过去。至于《六经》《四书》所讲的“多闻多见”“前言往行”“好古敏求”“博学审问”“温故知新”“博学详说”“好问好察”，这些都清楚地表明要在处事中寻求，在论辩中获取，因此下功夫的次序是不可乱的。

格物的内涵，前面已做了详细阐述。关于你们感觉有牵强附会之疑，已不用再多做解释。至于说到“多闻多见”之类，都是孔子针对子张而言的。子张好高骛远，认为唯广闻多见才是学问，而不能反求内心以存疑惑，所以，他的言行不可避免会有埋怨和悔恨，而所谓的见闻正好助长了他好高骛远的毛病。孔子说这番话并不是教导子张去广闻多见，而是为了矫正他那要广闻多见的缺点。孔子说过：“有人什么都不知道却随口乱说，我不这样。”这句话表达的意思与孟子的“是非之心，人皆有之”相近。这些都表明了人的德行的良知并不只来自广闻多见。至于孔子说的“多闻，择其善者而从之，多见而识之”，则是专门探究见闻的细节，这已经是次要的事情了。因此孔子说“知之次也”。把见闻方面的知作为次要的学问，那么首要的学问是指什么呢？从这里可以看出圣学致知用功的方式。孔子对子贡说：“赐啊，你认为我是博学多识的人吗？不是的，我的学问是由忠恕之道贯穿着的。”如果良知在于多学多记，那么，孔子为何要用这一谬论来欺骗子贡呢？“一以贯之”，不为致良知又能为什么？《易经》上说：“君子应该时常反思自己先前的言行，来培养德性。”如果以积累德性为目的，那么更多地研究圣人的言行，难道不是积累存养德性的事吗？这正是知行合一的功夫所在。所谓好古敏求，就是热爱古人的学问，勤劳地寻求心中的天理。心就是天理。学就是学习这个本心；求就是穷究这个心。孟子说：“学问之道无他，求其放心而已矣。”并非像后世的人，把强记博诵古人的言辞当成好古，那只是急切追求功名利禄等外在的东西。关于博学审问，前文已解释得很详细。温故知新，朱熹也认为是尊德性的范畴。德性难道要向外去寻觅吗？知新必须温故，温故才可以知新，这又可作为知行并非两件事的有力佐证。“博学而详说之，是为了再返回到至简”。如果没有返回至简这一论点，那么，博学详说到底是指什么呢？舜的爱提问、善观察，也仅仅是用喜、怒、哀、乐的未发之中使道心惟精惟一。道心，就是良知。君子的学问，什么时候离开过实践、摒弃过辨析呢？但实践和辨析都要坚守知行合一的功夫，也就是要实现本心中的良知，而不是像后世学者那样只把空谈当作认识，把认识和实践当成两件事，从而产生用功的内容有先有后的观点。

【译文·145】

你来信中写道：杨朱和墨子的行仁义；乡愿的所谓忠信；尧、舜和子之的禅让；商汤、武五、项羽的攻伐；周公、王莽及曹操的摄政，这些散见于史书而缺乏佐证，又该如何甄别呢？同时，对于古今事变、礼乐名物都没有鉴察甄别，如果国家要修明堂、建学校、制历律、行封禅，它们又能用在什么地方呢？所以《论语集注》中说道："生而知之。"知就是知义和理，其他如礼乐名物，古今事变这些事，也要等学习之后才能验证是否符合事实。这句话可以说是天下公理了。

你所说的杨朱、墨子、乡愿、尧、舜、子之、商汤、武王、项羽、周公、王莽、曹操各自的不同，可以从前面说的舜与武王的情况大致类推。对古今事变的疑问，前面在论说良知时，已经用规矩尺度的比喻阐述过，这里不再多说了。关于造明堂、建学校等事，应该讲几句，然而，这些事情并非一两句话就能说明白，暂且就你所说加以分析，这样你的疑虑或许会减少一些。有关明堂、学校的记述，最早见于《吕氏春秋·月令》和汉代学者郑玄的注疏中，六经与四书中，尚未详细记载。难道吕不韦和汉代学者郑玄的知识，比夏、商、周三代的圣贤还要渊博？齐宣王时，明堂还有未毁的，可知，周幽王、周厉王时，周的明堂应该还完好无损。尧舜远古之时，用茅草盖房屋、垒土做台阶，明堂制度也许还不完善，但这也不影响他们治理天下。周幽王、周厉王的明堂，依然是文王、武王、成王、康王时的旧模样，但不能拯救周幽王和周厉王时的天下乱象，为何呢？这表明：能用怜恤他人的仁德之心来实施怜恤他人的仁政，就算是茅屋土阶，也仿佛明堂；周幽王、周厉王以蛇蝎心肠来实施暴政，就算是明堂，也是暴政实施的场所。汉武帝曾经与大臣讨论建造明堂，武则天毁掉乾元殿修建明堂，他们治理天下的情况又如何呢？天子建的学校称辟雍，诸侯建的学校称泮宫，都依据地形而命名。不过夏、商、周三代的学问，都是以昌明人伦为核心，至于是否像璧环，是否建在泮水边，并不重要。孔子说："人如果没有仁爱之心，有礼又能怎么样呢？人如果没有仁爱之心，有乐又能怎么样呢？"制礼作乐，要有中和之德。只有以声为音律，以身为尺度的人，才有能力制礼作乐。至于礼仪乐器的细节和技巧，便是乐工和祝史的工作。因此曾参说："君子所推崇的道主要有三个方面，祭祀这类小事，则有专门负责的官员。"尧"让羲和依据天象的变化来推算日月星辰的运行规律"，主要是为了让人们把握住时间；舜"观测北斗七星"，主要是为了"安排好七种政事"。这些都是争取尽快用仁爱百姓的心来实施养民的政策。制定历法，掌握时令的根本，正在于此。羲和在历法数学方面的才华，皋陶和契不一定有，禹和稷也不一定有。尧、舜的智慧并不能面面俱到，即使尧、舜也不一定能胜任羲和的工作。但是现在，依照羲和的方法世代研习，即使那些一知半解、有小聪明的人，那些粗通星术的浅薄之士，也能推算历法、占卜星象。莫非这些一知半解、小有聪明的人反而比大禹、后稷、尧、舜还要贤明吗？封禅之说更加荒诞不经了，此是后代奸佞之辈为了讨好谄媚，夸大其词，借以惑乱君心而浪费国力。这种欺天骗人、无耻至极的卑劣行为，君子是不屑谈论的。这也正是司马相如被后世耻笑的原因。而你却认为这是儒者应该研习的，显然是欠考虑了吧！圣人之所以被称为圣人，是由于他们生而知之，而朱熹在《论语集注》中引用尹氏的话说："生而知之的是义和理，那些礼乐名物，古今事变，也还是要切实学过之后，才能检验其是否符合事实。"若礼乐名物之类真与成圣的功夫相关，而圣人也要等学了之后才能知，那么，圣人也就不能称为生而知之了。圣人生而知之，是专就义理而言的，并不是从礼乐名物方面来说的，那么，礼乐名物之类，也就与圣人毫无关系了。之所以说圣人是生而知之，仅仅指义理，而不是指有关礼乐名物之类的知识；学而知之的人，也应该只是学这个义理罢了；困而知之的人，也应该只是在困难中学这个义理罢了。如今的学者向圣人学习，对于圣人所知的，他们不去通过学习而掌握，却念念不忘探究圣人所不知道的东西，并且把它们当作学问，这不是迷失了成为圣人的方向吗？以上这些是对你感到困惑的地方加以阐释剖析，并没有涉及正本清源的讨论。正本清源的学说一天不昌明于天下，天下向圣人学习的人，就会日益感到繁杂，日益感到困难，并将会渐渐沦为禽兽、夷狄，还自以为在修习圣人的学问。不懂得正本清源，即便一时理解我的学说，最终仍是问题此起彼伏，疑惑接踵而至。我既是不顾安危、喋喋不休地讲经论学，也丝毫不能挽救天下。圣人之心，与天地万物融合为一体，他对待天下之人，并无内外远近的区别。只要是有血性的，都是他的兄弟儿女。圣人想让他们有安全感，并去教导他们，以实现他的万物一体的心愿。天下普通人的心，起初与圣人并没有什么不同。他们只是被自我的私心迷惑，受到物欲的遮蔽隔离，公天下的大心变成自我的小心，通达的心变成有阻滞的心。各人各怀想法，甚至有将自己的父子、兄弟当作外人看待的。圣人为此深表忧虑，所以推广他天地万物一体的仁心来化育天下，让每个人都能克除私欲，剔除遮蔽，以此恢复人们原本共有的心体。圣人教育的重要内容就是尧、舜所传授的“道心惟微，惟精惟一，允执厥中”；教育的细节就是舜命令契教化天下的五方面，“父子有亲，君臣有义，夫妇有别，长幼有序，朋友有信”。尧、舜与夏、商、周三代，所教的、所学的唯有这些。那个时候，人人没有不同的看法，户户没有不同的习惯，能自然做到这些的可称为圣，能努力做这些的可称为贤。违背这些的，即使聪明如丹朱，也是不肖之人。在街巷田野之中，从事农工商的人，都纷纷学习，努力完善自己的德行。什么原因？因为他们没有广博的见闻、大量的记诵、糜烂的词章及对功利的追逐，只让他们去孝敬双亲、敬重兄长、诚实待友，以此恢复心体中原本所共有的，而这些是人性中本来就有的，并不是从外借来的，又有谁做不到呢？学校的作用主要是培养人的德行。人的才能各有所长，有的擅长礼乐，有的擅长政教，有的擅长治理水土和种植养殖，这就需要根据他们不同的资质，让他们在学校中进一步培养自己的才能。依据德行让他任职，并使他在这个职位上终生不再更改。作为领导，只需让大家同心同德，使天下人民安居乐业，注意他的才干是否称职，而不凭地位的贵贱来分别重轻，不凭职业种类来分别优劣；被任用的人，也只需同心同德，使天下的百姓安居乐业，若自己的才能适宜，即便终生从事繁重的工作，也不感到丝毫辛劳，从事低微琐碎的工作也不认为卑下。此时，全天下的人都高兴快乐，和睦相处，亲如一家。其中资质较差的人，就安心从事农工商，工作勤奋，彼此提供生活必需品，没有不切实际的念头。才能卓著的人，如皋、夔、稷、契等，就出仕做官，以发挥他们的才能。国事犹如家事，有的经营衣食，有的互通有无，有的制造器物，大家团结合作、齐心协力，纷纷献计献策，以实现赡养双亲、养育子女的愿望，唯恐自己在做某一件事时会有怠慢，因而特别重视自己的职责。所以稷认真地种庄稼，不因为不知晓教化而感到羞耻，把契的擅长教化，看成自己的擅长教化；夔主掌音乐，不因为不懂礼而感到羞耻，把伯夷知晓礼，看成自己能知晓礼。他们心地纯洁明亮，能够彻底实现万物一体进入仁的境界。因此，他们胸怀宽广、志气通达，没有彼此的区分和物我的差别。就像一个人的身体，眼看、耳听、手拿、脚行，都是满足自身的需要，为自身服务的。眼睛不因不如耳朵灵敏而感到耻辱，但在耳朵听时，眼睛又会辅助耳朵。脚不因不能像手一样持物而感到可耻，但在手拿东西时，脚也一定向前进。由于人身元气周流充沛，血液畅通，即使小病和呼吸，感官也能感觉到，并有神奇的反应，其中有无法言说的妙处。所以圣人的学问最通俗易懂、容易领会、便于践行，学习易于掌握，才能易于发挥。圣人之学的关键在于恢复人心所共有的天理，而对于具体的知识和技能，我就不过多论述了。从夏、商、周三朝往后，王者之道式微而霸术昌盛。孔子、孟子过世后，圣人之学晦暗而邪派之说横行。教育者们不再以圣学为教学内容，学习者也不再以圣学为学习内容。那些施行霸术的人，窃取与先王相似之物，假借其外在表象来满足其内心的私欲，天下之人都趋之若鹜地尊崇他们，圣人的大道于是被荒废阻塞了。世人相互效仿，每日寻求能够富国强兵的学说、倾轧诡诈的权谋、攻打讨伐的策略，以及所有骗天骗人、能够在短时间内猎获功名利禄的手段。管仲、商鞅、苏秦、张仪这一类人，多到不可计数。霸术横行得久了，人们之间争抢掠夺，其祸害令百姓不能承受，这样，人便沦落为野蛮禽兽，霸道权术也就没法推行了。世间的儒家学者们感慨悲伤，搜寻先前圣人留下的典章制度，拾掇修补那些未变为灰烬的书，大概他们的良苦用心，也是要挽回先王的圣道。不过圣学已经远去，霸术的流传已经深入人心，即使是贤明的智者，都不免受到感染，他们之所以对圣学做出讲解修饰，是为了使圣学重新在世间发扬光大，却也只是加速了霸术的流行，圣学的痕迹，一点儿也看不到了。于是注解古书的训诂学，传播霸术使之虚名流传；那些记诵圣人言论的，记下霸术使其显得博学；那些记录文章诗句的辞章学，用华丽的语言使霸术显出文采。如这样的人，纷纷扰扰，群起争斗，又不知有多少。面对如此多的选择，人们无所适从。世间学者仿佛进入了剧场，里面百戏同演，嬉戏跳跃、争奇斗巧、斗妍献笑的人，从四面八方竞相涌出，令人前顾后盼，应接不暇，甚至耳聋目眩、精神恍惚，日夜畅游迷失于其中，似丧心病狂的人，不知道该如何回家了。那时，君王们也都痴陷于这些学问里，将毕生精力致力于无用的虚文，并不知道自己说的是什么。偶尔有人意识到此类学问内容空洞，荒谬虚妄，支离破碎，就想发愤图强，想要将学问付诸实际行动，便付出所有，也只不过是想争取富足、功勋、名利的霸业罢了。圣人的学问渐远渐晦，追逐功名利禄的习气愈演愈烈。这中间尽管曾有痴迷于佛、道两家学说的人，但佛、道学说最终也没能让世人战胜追逐名利的心；尽管有人曾拿群儒的观点来进行折中，但群儒的学说最后也没有攻破人们追逐功利的看法。大约到了今天，追逐功名利禄的流毒已经侵入人们的心脏和骨髓，因习惯而成为人们性格中的一部分，已经有几千年了。人们在知识上竞相夸耀，在权势上竞相倾轧，在利益上竞相争夺，在技能上竞相攀比，在名声、信誉上竞相争取。那些出仕做了官的，管理着钱粮却还想兼管军事和司法；管礼乐的人还想担任吏部要职；在郡县里做官的人还觊觎布政使和按察使的高位；位居御史台和谏议大夫的官员又巴望着宰相的要职。过去没有某方面才能就不能担任某个职位，不通晓某方面的学说就不能获得相应的声誉。记诵的广博，正助长了他们的傲慢无知；知识的冗杂，正利于他们做坏事；见识的广博，正利于他们肆意诡辩；文采的华丽，正利于他们掩饰虚伪。所以，原本皋陶、夔、后稷、契都不能同时做到的事情，现在初学的小儿都想要通晓其学说、研究其方法。他们树立的名义招牌，没有不说“我想成就天下共同的大事”，但探究其真正用心，则是不用这样的方法就不能实现他们的私心，满足他们的私欲。唉！凭借如此的积习熏染，凭借如此的心态，又讲求着如此的学问，当他们听到圣人的教诲时，自然会将其看作是累赘包袱；他们认为良知是不完美的，并把圣人的学说看作是无用的东西，也是势所必然的！唉！生在这种世道，儒士们靠什么去追求圣人之学呢！又怎样去谈论圣人之学呢！儒士们生活在这样的时代，想要成为饱学之士，不太过劳苦繁杂了吗？不太过阻滞艰险了吗？唉，实在可悲呀！幸亏天理存在于人们心里，终究是不能泯灭的，而良知能回归明智，终有一日，那些能听到我正本清源学说的人，必然会哀叹悲伤，警醒心痛，愤然图强，其强大的气势就如江河决堤一样势不可当。若无英雄豪杰愤然兴起，我还能寄希望于谁呢！

答周道通书

【译文·146】

吴、曾两位后学者来到我这里，详细表达了你一心向道的志向，我非常欣慰，对你也十分思念。如此，你可真算得上是笃信好学了。只是如今我正为父守丧，没有和他们细谈。然而，他们也很有志向，肯下苦功。每次相见都能感到他们有所进步。对我来说，确实不能辜负了他们的远道来访；对他们来说，也可说是没有辜负他们远来的意愿。在他们临走之前，我写了这封信以表达对你的问候。困顿中我也无话可说，仅就你在信上所提出的几个问题，略作说明。寥寥数语不能详细道来，两位后学者应当也能亲口向你转达吧。

【译文·147】

你来信中说：日常的功夫只是立志。近来我对先生的这一教导时时加以体察验证，每时每刻都在体悟，越来越明白。但是，我片刻也离不开朋友的帮助。若能与朋友探讨，这个志才精健宽广，才富有生机。若几天不能与朋友商谈，就发觉此志软弱无力，遇事就会疲乏，偶尔还会遗忘之。现在，在朋友不能共坐讨论的日子里，我有时静坐，有时读书，有时到外边逛逛。在举手投足之间培育这个心志，我总能深深感受到自己内心的平和舒适。但是，总归不如与朋友一起切磋时那样精神愉悦，生机勃勃。离开人群而独居的人，有什么更好的办法来保持心态呢？

上面这段话充分验证了道通你平时努力的收获。立志的功夫大概就是如此，只要每天坚持，从不间断，待到功夫纯熟后，自然就会收获不同的感觉。一般来说，我们做学问，其关键处只有立志。你所说的疲劳、遗忘的缺点，也只是因为志欠真切。比如，好色之人，未曾有疲劳、遗忘的毛病，仅是因为真切。自己身上的痛痒，自己最清楚，自己必定会去搔挠。既然自己知道了痛痒，也就不可能不去搔挠。佛教称此为“方便法门”，这还得靠自己调整琢磨，别人终究无法助力，也没有其他更好的方法。

【译文 · 148】

来信写道：谢良佐曾经问：“天下没什么可思虑的。”程颐说：“有道理，只是生发得太早了。”从学者的角度来看，固然要“对于一定要发生的事情，先不要有所预期。”但是，也必须深知同“何思何虑”的状态并在一块看才正确。若不知道这样的状态，就会滋生期望不停而增长的问题；但若知道“何思何虑”，却忘记了“必有事焉”的功夫，恐怕又堕入虚无了。必须既不累于“有”，又不坠于“无”。这理解怎样呢？

你所说的虽然相差不多，只是还没有领悟透彻。谢良佐的提问与程颐的回答，只是他们的观点，和孔子《系辞》的原意略有出入。《系辞》上说“何思何虑”，它是指所思所虑的只是一个天理，除此，并无他虑，但不是说无思无虑。因此说：“同归而殊途，一致而百虑。天下何思何虑。”讲殊途，道百虑，怎能说无思无虑呢？心的本体就是天理。天理只有一个，还有什么可思虑的？天理原本寂然不动，原本是感而遂通的。学者用功，虽千思万虑，也只是要恢复他原来的体用罢了，并非要用私意去安排思考得出。因此，程颢说：“君子做学问，应该是心胸宽广而公正无私，有事发生就顺其自然。”假如用私意去安排思考，就是在私欲上运用智慧。“何思何虑”就是为学的功夫。在圣人看来这是顺其自然的；就学者来说必须下功夫才能做到。程颐则把它看成功夫的结果，所以他才认为“发得太早”。紧接着他又说，“这正是应该下的功夫”，就是他自己也发现前面的话还不周全。周敦颐所讲的主静便是这种观点。如今道通你的看法，虽然不无见地，但仍然还存在时而被有牵累、时而深陷于无的状况。

【译文·149】

来信写道：凡是学者开始懂得做功夫，就要学着认识圣人的气象。认识了圣人气象，把圣人气象当作标准，去脚踏实地地下功夫，才不会出错，才是能成为圣人的功夫，这样说是否对呢？

有人说过“先认识圣人气象”，然而依然没抓住要点。圣人的气象自然是圣人的，我又能从什么地方认识到呢？不是自己良知上的真切体认，就像用没有准星的秤去称轻重，用未打磨的铜镜去照美丑，真正是所谓的以小人之腹度君子之心了。圣人的气象怎么可以认识得到呢？自己的良知，本来与圣人没有差异，如果能清楚地认识自己的良知，那圣人的气象就不在圣人那里，而在自己的身上了。程颐曾经这样说："目睹尧，学他如何做事，又没有他聪明睿智，怎么能像他那样一举一动都符合礼仪呢？"他又说："心与天道相通，然后才能辨别是非。"如今你且说说哪里与天道相通？你的聪明睿智又是从哪里来的呢？

【译文·150】

你来信写道：要在事情中得到磨炼，一天之内，不管有事没事，只一心培养自己的心。如果事来找我，或自己产生念头，这样心中就会有想法，怎么能认为是无事呢？但是，若依循着这些事情认真考虑，就会觉着道理应该如此。只是把它当没事一样看待，略尽我的心罢了。然而，为何还有处理得好与处理得不好的情形呢？偶尔事情很多，需要一件一件地处理。常常因才力不够而头昏脑涨，虽竭尽全力，但精神已疲惫不堪。遇到这种情况，就要退下来反省自己，宁肯事情做不下去，也不能不修养自己的心。这样说对吗？

你所说的功夫，对于道通你这样的人来说，也只能是这样了，然而未免还是有些区别。人做学问，一生也只是为了这一件事。自小到老，从早至晚，不管有事无事，也只是做这一件事，正所谓"必有事焉"。假如说，宁可不把事情处理完，也不可不去修养己心，那么还是把它看成两件事了。"必有事焉而勿忘勿助"，事情发生，便尽我的良知去处理，这就是"忠恕违道不远"。处理事情时好时坏，并出现困顿失序的弊端，都是由于人被毁誉得失的心所牵累，不能切实地推致他的良知。如果能够切实地推致良知，自然会发现平日里所谓的善并非就是善；所谓的不善，也许正是因为太在意毁誉得失，而抛弃了自己的良知所致。

【译文 · 151】

你来信说：春天里再次得到先生关于致知学问的教诲，受益匪浅，已经很清楚应该怎样用功，感觉比从前更加简便了。然而，我的主张是和初学的人谈致知，还须加上格物的意思，让他们明白下功夫的地方。本来致知和格物应该是都努力，但对于初学者来说，不知道从哪儿下手，所以还是要等说到格物后，方可知晓致知。

格物就是致知的功夫，明白了致知，就已经知晓了格物。如果不知道格物，那么，致知的功夫又如何知晓。近来我有一封书信，信中对此问题谈论非常详尽，现在把它寄给你，你仔细研究，自然能够知晓。

【译文 · 152】

你来信说：如今为朱熹、陆九渊争辩的还有很多人。我常常对朋友们说，圣学不昌明已经许久了，不应该为朱、陆之争枉费心神。只需要根据您的“立志”两字指点教育人。如果此人真能辨明这个志，坚决要弄明白圣学，那他已知道了大体。即使不替朱、陆辩解，他也能分辨出对错。我发现，有朋友听到别人批评指责您的言论就十分气愤。朱熹与陆象山两位先生之所以招来后世的许多议论，可见他们的功夫还不够精练、纯熟，其中感情用事的成分也不可避免。而程颢在这上面就表现得比较公正。他与吴师礼在评论王安石的学问主张时说：“请替我向介甫先生传达我的全部观点，即使这对他没有半点好处，也一定对我有益。”这是何等的从容气质呀！我曾看到您在写给别人的信中也引用了这句话。希望朋友们都能这样，是不是呢？

你这段话讲得非常到位，希望道通你能告诉所有同人，每个人只需审视自己的不足之处，不要去议论朱、陆二人的是非。用言语诋毁他人，这种诋毁很肤浅。若自己不能亲自实践，只是空谈、虚度光阴、浪费时间，这是用行动诽谤，性质就很严重了。现在天下凡是非议过我的，如果能使我从中受益，那么，都是对我的切磋磨砺，对我而言，不过是警惕、反省自己，增进品德的药石。荀子曾说，“攻击我缺点的人是我的老师”，我怎么会厌烦自己的老师呢？

【译文·153】

你来信说：有人借用程氏兄弟的一句话“人生来是静的，这是不容分说的，才言说了天性，就不是天性了”。为什么不能说？为什么说了就不是天性？朱熹回答:“不能说，是因为无天性可言;不是天性，就是有气质掺杂在其中了。”两位先生的观点，我都没能弄懂，每次读书读到此处便感疑虑丛生，特向先生请教。

“生之谓性”，“生”字就是“气”字，犹如说气就是天性。气就是天性，“人生而静，以上是不容说的”，刚才说“气就是性”时，天性就已偏离本身，不再是天性的本源了。孟子讲性善，是从天性的本源上来说。然而性善的开端，只有在气上才能看到。若无气也就不能看到性。恻隐、羞恼、辞让、是非都是气。程子说："谈性不谈气，就不全面；谈气不论性，就不明朗。"这也是因为学习的人往往只看到事物的一方面，所以他们只能这样强调。如果清楚地认识到自己的天性，那么气就是性，性就是气，原本就没有性和气的区分。

答陆原静书一

【译文 · 154】

你来信中说：着手修养本心时，感觉到心中总无宁静。妄心固然在活动，照心也在动；既然心无时不动，那么，也就没有片刻歇息了吗？

你这样刻意寻觅平静，反而越发不能平静，妄心是活动的，照心则是不活动的。恒照就能恒动恒静，这正是为什么天地永恒运动。这样一来，照心固然是明澈的，妄心也是明澈的了。“照心与妄心不可以当成两件事物，作为有生命的事物也就不会停歇”，只要有片刻的停歇，作为生命体也就要消亡了，也就不是至诚而永无止境的学问了。

【译文 · 155】

你来信中说：良知也有开端的地方，等等。

这或许是你听得还不够明白。良知的本体是心，也就是前面说到的恒照。心的本体，无所谓是否有开端。即使产生了妄念，良知依然存在。然而，人如果不知修养，有时就会失去它。就是人糊涂闭塞到极点，良知仍旧清澈。但是，人不知体察，就会被蒙蔽。即使有时失去它，也并非不曾存在良知的本体，此时只要修养就足够了。虽然有时被蒙蔽了，但良知的本体并非不曾明朗，此时只需体察即可。如果说良知也有发端的地方，就是认为良知曾经并不存在，这就不是良知本体的观点了。

【译文·156】

我所说的“精一”，这个“精”字是从理上说的，而“精神”的“精”是从气上说的。理为气的条理，气为理的应用。没有条理就不能应用，没有应用就无法看到所谓的条理。精则为精细，则为明朗，则为专一，则为神圣，则为诚心。一则为精细，则为明朗，则为神圣，则为诚心。精和一原本就不能当成两件事看。但后世的儒学者的观点，与道家养生的学说各自偏向一端，所以不能互相借鉴利用。前段时间我所讲的“精一”的论点，虽然是为你能爱护、休养精神才说的，不过，做圣人的功夫，大概也不过是如此罢了。

【译文·157】

你来信说：元神、元气、元精，各自必定有寄托安身之地，又有所谓的真阴之精、真阳之气等。

良知只有一个，以它的妙用来说可称为神，以它的流行来说可称为气，以它的凝聚来说可称为精。能否从形象、方位、场所上求得良知呢？真阴之精，也就是真阳之气的母体。真阳之气，也就是真阴之精的父体。阴生于阳，阳生于阴，都只是一个整体。如果理解了我的良知观点，那么，只要是与此相似的，都可以不言自明。否则，对你来信中所说的三关、七返、九还之类，仍会有很多的疑问。

答陆原静书二

【译文 · 158】

你来信中说：心的本体是良知，也就是所谓的性善、未发之中、寂然不动之体、廓然大公之类。为什么普通的人都做不到而一定要经过学习呢？中、寂、公，是心的本体，即良知。此时若到心中去省察体验，可见知无不良，而中、寂、大公未必实际存在。难道说良知会超然于体用之外吗？

性无不善，因此知也无不良。良知就是未发出来的中和，就是廓然大公、寂然不动的本体，人人都拥有。但是，良知不可能不遭受物欲的蒙蔽。所以就需要通过修习来剔除其蒙蔽。然而这种做法对于良知的本体不会有丝毫的损伤。知无不良，而中、寂、大公不能彻底显现是由于没有完全剔除其蒙蔽，保存得还不够纯洁。体即良知的本体，用则是良知的作用，怎么会有超然于体用之外的良知呢？

【译文 · 159】

你来信中说：周敦颐的观点是“主静”，程颢的观点是“动亦定，静亦定”，先生您的观点是“定者，心之本体”。所说的静定，绝不是指不看不听、无思无为，而是指常知、常存、遵从天理。但是，常知、常存、遵从天理，明显是动的，是已发，又怎么能说是静呢？又怎么能说是心之本体呢？难道这个静定了下来，就会贯穿于心的动静之中吗？

天理静止不动。时常认知，时常存养，时常遵循天理，就是指不看不听、无思无为。不看不听、无思无为，并不是像朽木死灰一般，看、听、思、为全部依循于理，而不曾有其他的看、听、思、为，这也就是动而不曾动，所谓“动亦定，静亦定”，指的就是本体和作用原本就是一致的。

【译文 · 160】

你信中说：此心未发之体，具体指的是在已发之前呢，还是指在已发之中并主宰着已发呢，或是不分前后、内外浑然一体呢？现今，你信中指的心的动静，主要是针对有事、无事时而说，还是针对寂然不动、感而遂通而说，或是针对循理、从欲而说呢？如果以为循理是静、从欲是动，那么，所谓的“动中有静，静中有动”“动极而静，静极而动”，也就说不通了。如果认为有事而感通是动，无事而寂然是静，那么，所谓的“动而无动，静而无静”，也就无法说通了。如果认为未发在已发之前，由静生动，那么，至诚之心就会间断，圣人也要用功才能恢复德性。然而，这种认识并不正确。如果认为未发在已发之中，那么，不知道是未发、已发都当主宰静呢？还是未发是静、已发是动呢？或是未发、已发都没有动与静，或者是未发和已发都是无动无静、有动有静呢？请先生教导。

未发之中就是良知，没有前后内外的区别，浑然一体。就有事、无事而言可以分动、静，但是良知不可分为有事和无事。就寂然、感通来说可以分动、静，但是良知不能分为寂然和感通。动静是因时而异的。心的本体，原本就没有动静之分。理是静止不动的，若动，就会变为欲。只要遵循天理，就是千变万化也不会动。服从私欲，就是槁心一念，也不能静。“动中有静，静中有动”，这还有什么地方可疑惑呢？遇事而感通固然可以说是动，但是，其寂然之心并没有增加什么；无事时寂然固然可以说是静，但是，其感通之心并未减少什么。“动而无动，静而无静”，这还有什么地方可怀疑呢？良知是浑然一体的，并没有前后内外之分，那么，关于至诚之心间断的疑问也就不说自明了。未发在已发之中，而已发之中，未尝另有一个未发存在。已发在未发之中，而未发之中，未尝另有一个已发存在。这里不是没有动静，而是不能用动静来区别而已。但凡观察古人的言论，在于用心体察古人的用心，从而悟出其中主旨。如果一味拘于文义，那么，“没有一个遗留在世”不就是说周朝真的没有遗民吗？周子的“静极而动”之说，如果不做正确理解，毛病也就在所难免。所以，他的意思是就太极“动而生阳，静而生阴”来说的。太极的生生之理，既妙用不息又常体不易。太极的生生，也就是阴阳的生生。在生生之中，指其妙用不息的方面称为动，这是阳的产生，并不是说在动之后才生成阳；在生生之中，指其常体不变的方面叫静，这是阴的产生，并不是说在静之后才生成阴。若真是静之后产生阴，动之后产生阳，那么，阴阳动静又迥然不同，各为一物了。阴阳是一个气，因气的屈伸而产生阴阳。动静同是一个理，因理的潜伏与显现而产生动静。春夏可以说是阳、是动，但并非没有阴和静；秋冬可以说是阴、是静，但并非没有阳和动。春夏这样生生不息，秋冬也是这样生生不息，却同时可称为阳，又同时可称为动。春夏有这不变的常体，秋冬也有这不变的常体，都同时可称为阴，又同时可称为静。从元、会、运、世、岁、月、日、时，一直到刻、杪、忽、微，都是如此。程颐所说的“动静没有开端，阴阳没有超始”，这需要深谙道的人默默体会，无法完全用语言来表达。若只拘泥于文句，比附仿效，那么，正是所说的《法华》支配着心转，而不是心支配着《法华》转了。

【译文·161】

你来信中说：在心中尝试过，喜怒忧惧的情感一旦产生了，即使愤怒到极点，只要我心的良知觉醒了，就能缓解或者消失，有时在开始时遏止，有时在发作中扼制，有时在发作后才后悔。然而良知往往似乎总在悠闲无事的地方成为主宰，与喜怒忧惧好像并无关系，这是为什么呢？

你懂得这一点，就知晓未发之中、寂然不动的本体了，而有发而中节的平和，有感而遂通的精妙之处。然而，你说良知往往似乎总在悠闲无事的地方成为主宰，这句话是有毛病的，良知虽不滞留在喜怒忧惧的情感上，但喜怒忧惧也不可能超脱于良知之外而存在。

【译文・162】

你来信说：昨天先生说良知的意思为照心。我认为，良知是心的本体。照心，是人所用的功夫，即戒慎恐惧之心，和“思”类似。但先生却把戒慎恐惧当作良知，这是为什么呢？

能让人戒慎恐惧的，就是良知。

【译文・163】

你来信写道：先生又说“照心是不动的”。这难道是因为照心遵从天理才是静的吗？“妄心亦可明觉”，这是因为良知未曾不在妄心中，又未曾不在妄心中明觉，而人的视听言动符合准则的，全是遵循天理吗？既然说是妄心，那么，良知在妄心上可称照，而在照心上则可以称妄了。那么妄动与停息有什么区别？假如把妄心有照与至诚无息相联系，我就不太懂了，请先生再点拨。

“照心非动”，是因为它于本体生发自然的明觉，所以不曾有所动。有所动就是妄了。“妄心亦照”，因为本体天然的明觉未曾不在妄心中，只是有所动而已，无所动就是照心了。无妄无照，并非把妄看成照，把照看成妄。如果说照心为照，妄心为妄，就还是有妄有照。有妄有照，就仍然是两个心。一心分为二，就会停息。无妄无照，就是把妄心、照心看成一体，整体就不会停息，这就是最真诚而不停息的良知啊！

【译文·164】

你来信说：养生最关键的就是清心寡欲。清心寡欲，就可以完成做圣人的功夫。人的欲望少了，心自然就会清明，清心并不是要远离尘世而独求宁静，而是使这心纯为天理，没有丝毫的人类的欲望与私念。如今，想要清心寡欲，但如果只是对人的欲望生出时加以克制，那么，病根依旧存在，不免会有灭于东而生于西的举动。如果说想在私欲还未萌芽之前就去除干净，却又找不到可用力之处，反而会使这心不清明，而且，私欲未萌发就去寻找并力求铲除它，就像是把狗带进屋里，再赶它出去，这就更加行不通了。

一定使此心合乎天理，而没有一丝一毫的自私欲望，这才是做圣人的功夫。要想此心纯正是天理，无丝毫的私欲，就要在私欲未萌生之前进行防范，在私欲萌生时进行扼制。在私欲萌生之前就进行防范，在私欲萌生时进行扼制，正是《中庸》中所说的“戒慎恐惧”、《大学》中所说的“致知格物”的功夫。此外，再没有其他的功夫可言。你所说的私欲灭于东而生于西、引犬入室再驱赶的现象，是被自私自利、刻意追求所牵累的结果，而并非由克治荡涤造成。如今说养生最关键的是要清心寡欲，然而“养生”二字，即是自私自利、刻意追求的本源。在心中潜伏着这个根源，就会产生东边的私欲去除掉了，而西边的又生发出来，把狗带进屋里，再将它赶出去的问题。

【译文·165】

你来信说：佛教观点从不思善、不思恶中认识本来面目，与我们儒家所主张的根据事物具体情况来研究事理的功夫不同。我如果在不思善、不思恶时用致知的功夫，也就已经想到善了。若善恶不思，而心的良知又清静自在，那只有在清晨刚睡醒时。这正是孟子所说的“夜气”，但这样的现象不会持续很久，转眼之间思虑就会产生。不懂得时时用功的人，能够常常像刚睡醒而思虑还未产生时那样吗？如今我想抛弃私欲求得宁静，却越发静不下来，想使杂念不生，杂念却更多了。怎样才能使心中前念易灭，后念不生，良知独自显现且与大道相合呢？

“从不思善、不思恶中认识本来面目”，这是佛教为那些不识本来面目的人提供的捷径。本来面目就是圣学所说的良知。现在，既然能够清楚地理解良知，就没必要这样说了。随物而格，是致知的功夫。佛教所说的“常惺惺”，是佛教要求常存他的本来面目。由此可知，佛家与儒家的格物与功夫大致相同，但佛教有个自私自利的心，由此便有了区别。如今，你想要做到不思善恶，所以才有了“不思善、不思恶时，用致知之功、则已涉于思善”的弊病。孟子讲“夜气”，也只是给那些丧失了良心的人点出一个良心萌动的地方，使他能从这里着手并加以修养。现在已经清楚地明白了良知，又常用致知的功夫，就不用谈“夜气”了。不然，就像得到了兔子却不知道去守着兔子，反而死守着树株，这样，就会再次失去兔子。想求得宁静，想毫无私念，这正是自私自利、刻意追求的弊端，所以杂念越多越不能宁静。良知只有一个，有良知自然能辨别善恶，还有什么善恶可想？良知的本体本来就是宁静的，现在却又硬加一个去求宁静，良知的本体原本就是充满生机的，现在却又加上了一个不生杂念，不仅圣学致知的功夫不是如此，就连佛教也不主张这样刻意地去追求。只要一心在良知上，从头至尾，无始无终，就是前念不灭、后念不生，现在你却既想前念易灭，又想后念不生，这是佛教所说的“断灭种性”，也就是心灵处于死寂的状态，人就会形如槁木、心若死灰。

【译文·166】

你来信说：佛教还有“常提念头”一说，这与孟子讲的“必有事”以及先生说的“致良知”是一回事吗？这是不是就是常惺惺、常记得、常知得、常存得呢？当提起这个念头时，解决诸多问题一定会有正确的方法。但只怕这念头少被提起而多被丢失，那么功夫就要中断了。并且这念头的丢失，多由私欲和气的萌动引起，猛然惊醒之后又可提起，但在丢失而没提起时，由于心的昏暗与杂乱，自己往往感觉不到。今天，若想念头日渐精进光明、常提不放，又能用什么方法呢？只要这念头常提不放就是全部功夫了吗？还是在这常提不放中，更应该具有省察克治的功夫呢？虽然这念头常提不放，但如果不再有戒惧克治的功夫，恐怕还是不能剔除私欲。如果加上戒惧克治的功夫，好像又成了“思善”的事，这和本来面目又不一致了，到底该如何做呢？

其实戒惧克治，就是常提不放的功夫，就是“必有事焉”，这怎能看成是两回事呢？关于你这一段问的问题，前面我解释得十分清楚。这里你自己却产生了疑问，言语说得支离破碎，才产生与本来面目不相符的问题，这是自私自利、刻意追求的弊病，剔除这个弊病，自然也就解开了这个疑问。

【译文·167】

你来信说：程明道曾说："本质美好的人，美好的道德会完全显露，缺点便容易融化消失。"怎样才能善德尽显呢？怎样才能使缺点融化消失呢？

其实，良知原本就是光明美好的。本质不美好的人，不但渣滓多，遮蔽也厚，他的良知就不容易显露出光明。本质美好的人，本来渣滓少，遮蔽也薄，稍稍加上致知的功夫，他的良知就清楚明白，那些渣滓就像是沸水中的浮雪，怎么能成为障碍呢？这本来不怎么难懂，这个问题你之所以存在着疑问，大概是因为不理解"明"字，并且还有一点心急。我曾和你当面谈论过明善的内涵，明就是诚，而不像后世儒者那样，将明善理解得那样浅薄。

【译文·168】

你来信问：聪明睿智，真的是人的天赋吗？仁义礼智真的是人的本性吗？喜怒哀乐真的是人的情感吗？私欲与虚伪，到底是一回事还是两回事呢？许多伟大的历史人物，例如张良、董仲舒、黄宪、诸葛亮、王通、韩愈、范仲淹等，他们功勋卓著，他们的良知起着决定性的作用。然而，又不能说他们是知晓道的人，这是为何呢？如果说这只是他们天生资质好，那么，生知安行的人难道不比学知利行、困知勉行的人更好吗？我想，如果说他们对道的认识不完整，还说得过去；如果说他们完全不认识道，恐怕是后世儒者过于推崇背诵训诂而产生的偏见吧。这样理解对吗？

人性只有一个。仁义礼智是人性的本质，聪明睿智是人性的天资，喜怒哀乐是人性的情感，私欲虚伪是人性的蒙蔽。资质有清浊之分，因此，情有过与不及之分，而蒙蔽也就有了深浅之别。私欲和虚伪是一种病，两处痛，不是两回事。古代的张良、董仲舒、诸葛亮、韩愈、范仲淹等人，天资过人，自然更符合神妙的道。虽不能说他们是完全闻道知学的人，但是，他们的学问与道相隔不远。如果他们完全闻道知学了，就成为伊尹、傅说、周公、召公了。比如文中子王通，不能说他是不知学的人，他的书虽大多出自门人弟子之手，也含有很多错误之处，但也能看出其大概的学问。然而由于时代相隔太远，又没有确实的凭证，无法主观断定他的学问离圣道到底有多远。良知即道，它就在人的心中，不仅圣贤，就是平常人也是如此。若没有物欲牵累蒙蔽，只靠良知去发挥作用，那将会无时无处不是道。然而，平常人大多被物欲牵累所蒙蔽，不能遵从良知。就如上述诸位人物，资质已十分清明，自然很少有物欲的牵累蒙蔽，那么，他们的良知产生作用的场合自然会多一些，自然与道离得较近。学者就是要学遵从良知。所谓知学，就是能知道专一地去学习遵从良知。所列的人物，他们不知道专门在良知上下功夫，有的兴趣广泛，受到其他事物的影响和迷惑，因此，他们对于道就会时偏时合，还未达到纯正的境界。若他们明白了这一点，也就可称为圣人了。后世儒生曾认为所列诸位都是凭天生的资质行事，不免会不知其然，更不知其所以然，这样评价他们并不过分。但是，后世儒生所说的著和察，也只会拘泥于狭小的见闻中，遭受不良风气的影响，只是把似是而非的现象加以仿效，还不是圣人所讲的著和察。那么，这又如何能以己之昏昏而使他人昭昭呢？所谓生知安行，这“知行”二字也是就用功而言的。至于知行的本体，就是良知良能。从这个角度来看，即使是困知勉行的人，也都可以说是生知安行。所以，对“知行”二字更应该仔细去体察。

【译文·169】

你来信说：从前，周敦颐经常要求程颢思寻孔子与颜回的快乐之处。请问这种乐趣是否与七情中的快乐相同呢？假如相同，普通人满足了欲望都能快乐，又何须做圣贤呢？如果另有真正的乐，那么圣贤碰到大忧、大怒、大惊、大惧的事情，这个乐还会存在吗？更何况君子的心是常怀戒惧的，此为终身忧患，又如何能乐？我平时有很多的烦恼，还没有体会到真正的快乐，现在非常迫切地想要找到它。

孔子、颜回的快乐发自心的本体，虽与七情中的快乐迥异，但也不在七情中的快乐之外。圣贤虽有真正的快乐，但这也是常人所具有的，只是普通人有了这种快乐，自己却并不知道，相反，他们还要自我寻求烦恼忧苦，因迷惘把快乐抛弃了。即便在烦恼迷惘之中，这种乐也没有消失。只要一念顿悟，返求自身，与本体相同，那么，就能体会到这种乐。我每次和你谈论的都是这个意思，而你依然不明白“怎样才能寻求快乐”，你这真是骑驴找驴啊。

【译文·170】

你来信说：《大学》中认为“有好乐、愤怒、忧患、恐惧”等是“不得其正”，而程子也说“圣人对待万事有情有义，却常常表现得无所谓”。何谓有情？《传习录》中以病症做比喻，特别地贴切精当。若如程颢所说，那么，圣人的情是因物产生而不是从心里产生。为何这样说呢？如果因事生情，那么，其中的是非对错就可以去格了。但是，在事情未来之时，说有情，它并未显露；说无情，可情就像病根一样实际存在着，若有若无，怎么来致知呢？为学如果做到无情，虽然牵累少了，却又从儒家滑入佛教的泥潭，这如何行呢？

圣人致知的功夫，就是至诚无息。圣人的良知本体，光亮如镜，毫无灰尘，在镜子前面，美、丑的原形毕露，过后，镜子上并没有留下什么。此正是所谓的情顺适万事而无情。“无所住而生其心”，佛教这句话，说得很对。用明镜照物，美的呈现为美，丑的呈现为丑，照出来的是事物的真实面目，也就是“生其心”。美的为美，丑的为丑，照过之后一切都不留下，这就是“无所住”。有关病疟的比喻，既然你认为贴切精准，那么，这个问题就解决了。患疟疾的人，病虽然未见发作，但病根仍在，怎么能因为病未发作，就忘记吃药调养的功夫呢？如果一定要等到疟疾发作之后才服药调治，就为时已晚了。致知的功夫，不分有事与否，又怎能和是否发病相提并论呢？你的主要疑虑，虽然前后不相同，但都是自私自利、刻意追求这一弊病，这个病根一旦除去，那么你前后的疑惑就自然冰消云散，用不着再去费思量了。

钱德洪跋

【译文·171】

先生给陆原静的回信一经公开，读者们都非常欣喜，认为陆澄善于提问，先生善于回答。内容是闻所未闻的。先生说："陆澄的问题只是在认知、理解的层面上打转，无奈之下只得给他逐段解释，若真的相信良知，仅在良知上下功夫，即使千经万典也会与之相符合，异端邪说也会不攻自破，又何必如此逐段解释呢？佛教有狗不咬人而追石块的比喻。狗，看见石块而扑向人，这样才能咬住人，如果看到石块去追赶石块，从石块那里又能得到什么呢？"其时，在座的各位学者听了这番话后，心感警醒，并各有所悟。老师的这种学问贵在反省自求，不是单单从知识解答上就可以把握的。

答欧阳崇一

【译文·172】

欧阳崇一在来信中说：先生说："德性的良知，并非产生于闻见，如果说听得多然后选择好的来遵从，见得多然后从中加以识别，则是专门在见闻细节上做文章，这就已经落在低一等的层次了。"我以为，良知虽不依赖见闻而存在，然而，学者的知识，却是由见闻引发。局限于见闻虽然错误，但见闻也可用于修养良知。如今，您说见闻是次要的，也许专门是就只以见闻为学问的人来说的，如果为了致良知而在见闻上做文章，似乎也是知行合一的功夫。这样理解对吗？

良知并非源于见闻，而见闻也并不都可用于修养良知。因此，良知不会局限于见闻，但也离不开见闻。孔子说："我有知识吗？没有知识啊。"良知以外，再无他知。所以，致良知是做学问的关键所在，是圣人教人诲人的第一关键。如今说，只在见闻的细枝末节上做文章，那就失去了主宰，寻求的只是次要问题了。近来，同学们没有不知道致良知的，但他们下功夫时仍有许多不明白之处，正是因为缺少你的这一思考。一般而言，做学问的要务是抓住核心问题。如果专把致良知看成最关键的事情，那么，多闻多见只是致良知的功夫。在日常生活中，见识应酬，虽然头绪繁多，但只是良知的发用流行。没有了见识应酬，也就没有别的良知可致。因此，良知与见闻就是一件事。如果说致良知要从见闻上做文章，那么，在语义上把良知见闻看成两件事也就在所难免了。这虽然稍稍不同于只在见闻的细枝末节上寻求良知的人，但他们都不明白惟精惟一的宗旨都是相似的。“多闻，择其善者而从之，多见而识之”，既然说了“择”与“识”，可见良知在其中的作用很大。只是其用意还是在多闻多见上选择、认识，失去了最关键的东西。崇一，想必你已经理解了这些问题，今天的问题，正是为了阐明良知学，相信对同学们大有裨益。但若意思表达得不准确，就会差之毫厘，谬以千里，不能不审慎细察。

【译文 · 173】

你来信写道：先生说：“《易传 · 系辞》中讲的何思何虑，是指所思虑的只是天理，不包括其他，也不是无思无虑。心的本体就是天理，还有什么可思虑的呢？学者下功夫虽千思万虑，也只是要恢复他的本体，并非刻意思考一个什么出来。若去刻意思考，也就是自私弄巧了。”学者的弊病，多数不是枯守空寂，就是刻意思虑。我在辛已到壬午期间犯有前一种毛病，最近又犯有后一种毛病。但是，思考也是良知的作用，它与刻意去思考的情况有什么不同呢？我害怕自己认贼作子，因此迷惑而弄不明白。

“思想一定要深刻通达，深刻通达的思想才是圣人的境界。”“心的功能是思考，思考就能有所得。”可见，思怎会缺少呢？

死守空寂与刻意思考，就是自私弄巧，它们同样都抛弃了良知。良知是天理的昭明灵觉所在，因此，良知即天理，思是良知的作用。如果思产生于良知之上，那么，所思的也不过是天理。源于良知的思，自然简易明白，良知自然也就能够知晓。若凭私意安排的思，自然是纷纭繁乱，良知自然能够分辨。因而思的是非正邪，良知都知道。之所以会认贼作子，正是由于还不理解致知的学问，不知要在良知上去体察认识。

【译文·174】

来信又写道：先生，您曾说："终身为学只这一件事，不管有事无事，只有这一件事。如果说宁可不做完事，也不能不加存养的功夫，那就是将为学功夫分成两件事了。"我认为，感到精疲力竭，无法将事情处理完的，就是良知。宁可不处理事情也要加以存养，这是致知。这如何成了两件事呢？如果碰到从天而降的不能处理的事情，虽然精力衰微，但稍微振作也能坚持下来。由此可知，意志还是统领着气力的。但是，此时的言行举止毕竟会软弱无力，等处理完事情后会过度衰竭困乏，这不是和滥用精力差不多吗？这其中的轻重缓急，良知固然知道。然而，有时迫于形势，又怎能顾及精力呢？有时精疲力竭，又怎能顾及形势呢？到底应该如何办呢？

"宁肯不将事情做完，也不能不存养内心"，对初学者这样说也并非没有益处，但把做事和存养本心当成两件事看，便有了弊病。孟子说"必有事焉"，那么君子终身做学问也只有"集义"这件事。义，就是宜，心做到它应当做的叫作义。能够致良知，那么心就能做它该做的事。所以，集义就是致良知。君子应酬万变，应该做的就要去做，应该停的就要停下，应该生存下去就要生存，应该死的就要死去，如此调停斟酌，只不过是致良知以自我满足罢了。因此，“君子素其位而行”“思不出其位”。凡是谋求力所不及的事，勉强去做智力不能做到的事情，都不是致良知。只要是“劳其筋骨，饿其体肤，空乏其身，行拂乱其所为，动心忍性以增益其所不能”的，均是为了致良知。如果说“宁肯不将事情做完，也不能不存养本心”，这也是先有了功利之心，去计较其中的利弊得失，之后再做出爱憎取舍。因此，把处理事情当成一件事，又把存养本心当成一件事，这就是有了看重存养本心而轻视处理事情的心态，这就是自私弄巧，就是把义看成外在的，便会出现“不得于心，不求于气”的弊端，就不是通过致良知来使自己心安理得的功夫了。你说的“强作支撑，毕事后疲惫不堪”和“迫于形势，精疲力竭”，都是因为把做事、存养本心当成两件事，因此才有这样的疑问。所有做学问的功夫，只要始终如一就会真诚，三心二意就会虚假。你所谈到的情况均是由于致良知的心意缺少真诚、精一、真切。《大学》中认为“诚其意者，如恶恶臭，如好好色，此之谓自慊”。你见过在厌恶恶臭、沉迷美色方面需要隐忍坚持的人吗？会有做完这些事后人极度困乏疲惫的情况吗？又从哪里见过迫于形势、精疲力竭做事的人呢？从这里就可以看出你的病根在什么地方了。

【译文 · 175】

来信又说：人情诡诈多变，如果不加怀疑地对待，往往会被欺骗。如果事先防备，自己就先落入怀疑、猜测别人的境地了。逆诈就是欺诈，猜测就是不诚信。被别人欺骗了，又不能觉察到。能够不事先怀疑别人欺诈，不无缘无故猜想别人不相信，而又常常能预先知晓一切的，只有光明纯洁的良知才做得到。因为欺诈和诚实看起来区别很小又不易分辨，所以不能觉悟和欺诈不实的人就会很多。

不事先怀疑，不事先猜测，而对方稍有不诚之时，又能立即觉察，这是孔子针对当时许多人欺诈别人、待人不诚信、深陷欺诈泥潭所说的。那时，很多人总想着去逆诈、去猜测怀疑，反而使自己变得欺诈和不诚信。同时也有人虽不逆诈、不随意揣测，但不懂得致良知的功夫，往往又受人欺骗，因此孔子有感而发，说了这番话。孔子的话并不是教人以此心只一味地去发现别人的欺诈和不诚信。存心去发现别人的欺诈和不诚信，这是后世猜忌阴险的人所做的事。只要心中有这个念头，就不能进入尧舜之道。不随意揣测、不臆想别人却被人欺骗的人，尚且不能说不善，但还比不上那些能致其良知的人，自然，能预先觉知的人更加贤明。你认为只有良知光明纯洁的人才能如此，可知你已领悟了孔子的苦心了。不过，这只是你凭借智慧所领悟到的，在实际生活中也许还未体会到。良知存在于人的心中，亘古不变，充塞宇宙。此正是古人所说的“不虑而知”“恒易以知险”“不学无能”“恒简以知阻”“先天而天不违，天且不违，而况于人乎？况于鬼乎？”你所说的不能觉悟而暗地欺诈的人，他虽能不逆诈，但也许不能不自欺，虽能不猜测人，但他也许不能真的自信。他也许常常有希望先觉的念头，但他却不能常有自觉。常常希望能够先觉，这样就已陷入了欺诈和不诚信的臆信陷阱，就足能遮蔽他们的良知了。这就是他们不觉悟和无法避免欺诈不实的原因所在。君子求学是为了提升自己的修养，不忧虑会被别人欺诈，只是永远不欺骗自己的良知罢了；不忧虑别人对自己不诚实，只是相信自己的良知罢了；不去寻求事先觉察别人的欺诈与不诚信，只是努力察觉自己的良知罢了。所以，君子不去欺骗，良知就没有虚假而保持真诚，良知真诚就能光明。君子自信，良知没有疑虑而能光明，良知光明就能真诚。明和诚彼此促进，因此良知能常觉、常照。常觉、常照，就像是明镜高悬，任何事物在明镜前无法隐藏其美丑。这是什么原因呢？因为良知没有欺骗而诚信，也就无法容忍别人的欺骗，若有欺骗就能觉察。良知自信而光明，也就不能容忍不诚信，如果存在不诚信就能觉察。这也称为“易以知险”“简以知阻”，也就是子思所讲的“至诚如神，可以前知”。但是，子思说“如神”“可以前知”，还是把它当成两件事来看了，因为这是从思、诚的功效上论断的，仍然是给不能事先觉知的人讲的。若从至诚上来说，那么，至诚的妙用就是“神”，而不必说“如神”了。如果能至诚，就能做到无知而无不知，也就不必说“可以前知”了。

答罗整庵少宰书

【译文·176】

阳明顿首谨启：昨天很幸运，蒙您孜孜不倦地教诲《大学》，因乘船匆忙，没能作答。今天清早，在船上稍有工夫，把您的信取出又读了一遍。恐怕到江西后又会陷于纷乱繁忙的事务中，所以先在这里简单回答，请您指教。来信中说："认识道固然困难，而要体会道更加困难。道的确不容易理解，但是，学问也确实不能不讲授。大概不能把自己的观点看成学问的最高标准吧。"十分荣幸！我哪里还能听到这番话呢？我如何敢自以为达到了最高标准而心安理得呢？我正想努力接近天下之道而加以明白呢。多少年来，对于我的学说，天下之人态度不一，有的讥讽，有的辱骂，有的不屑一顾。这些人愿意教导我吗？愿意一再开导我使我明白，唯恐不能够校正我吗？在天下喜爱我的人中，还有谁像您这样深切周到？我该如何感激您呢？孔子对"品德不修炼，学问不讲求"深感忧虑。但如今的学者只读了几天书，刚刚能读经解释，就自以为能够知晓学问了，就不再去探求了，这真是可悲啊！道，必须体察后才会有所见，并非见道后才下体察道的功夫。道，必须通过学习才能明晓，并非在讲学之外还有明道之事。然而，现在讲学的人分为两种，一种是用身心来讲学，另一种是用口耳来讲学。用口耳来讲学的，随意揣测估摸，讲的尽是些捕风捉影、似是而非的东西。用身心来讲学的，所言所行，都是自己具备的东西。明白了这一点，就能明晓圣人之学了。您在来信中对我说，恢复《大学》的旧版本，主要是由于我认为人的学问仅应在内心探求，而程、朱格物的观点还要到心外去寻觅，因而我否决了朱熹重分章节的做法，削减了他所增补的传。我怎敢这样做？学问哪有内外之分呢？《大学》的旧版本也是孔子相传的旧本，朱熹怀疑它有遗漏错误之处而重新加以改正补充，我却认为《大学》旧版本并未有遗漏错误之处，因此全部根据旧本罢了。我也许是因过分信任孔子，却不是有意否决朱熹重分章节的做法，也不是有意删削他增补的传。学问贵在内心有所得。如果我内心认为是错误的，就算是孔子的言论，我也不敢说它是正确的，何况那些比不上孔子的人呢？如果我内心认为是正确的，就算是普通人的言论，我也不敢认为是错误的，何况还是孔子呢？再者，旧本已传承了几千年，现在读来仍然明白晓畅，就功夫而言，简易而可以入手。又凭借什么来肯定这段必须在那里而那段必须在这里、这里是否缺少了什么而那里又需要补充什么呢？并且，进行改正并适当补充，不是过于看重背离朱子的认知，反而看轻了背叛孔子的认知吗？您在来信中说，如果做学问只要专心反省内求，不必到心外探求，那么，“正心诚意”四个字不是全部包容了吗？又为何在学问的着手处用格物这一功夫让人迷惑不解呢？固然没错！如果讲学问的主宰，“修身”二字就已经足够了，又为何非要讲“正心”呢？“正心”二字已经足够，又为何非要讲“诚意”呢？“诚意”二字已经足够，又为何非要讲“致知”“格物”呢？

只是因为学问的功夫详尽周密。然而，简而言之也只有一件事，那样才是“精一”的学问，这正是需要深思熟虑的。理无内外之分，性也无内外之分，所以学也不应有内外之分。讲习讨论，未必不是内；反身自省，未必就抛弃了外。若认为一定要到心外寻觅学问，那就是觉得自己的性还有外在的部分，这正是“义外”，正是“弄巧”。若以为反身自省是在内心寻觅，那就是认为自己的性还有内在的部分，这就是“有我”，就是“自私”。这两种见解都不懂得性无内外之分。所以说，“精义入神，以致用也；利用安身，以崇德也”“性之德也，合内外之道也”。由此可以知道格物的主张了。“格物”是《大学》切实的着手处，从头到尾，从初学到成为圣人，只有这一个功夫罢了，并不是只在入门时有这一功夫。正心诚意、致知格物，都是为了修身。格物，使人所用的功夫每天有能看见的地方。因此，格物是格其心中的物，格其意中的物，格其知中的物。正心，就是正其物的心。诚意，就是诚其物的意。致知，就是致其物的知。这里哪里会有内外、彼此的区别呢？理只有一个。从理的凝聚上来说称作性，从凝聚的主宰处来说称作心，从主宰的发动上来说称作意，从发动的明觉上来说称作知，从明觉的感应上来说称作物。所以，从物上来说称作格，从知上来说称作致，从意上来说称作诚，从心上来说称作正。正，就是正心；诚，就是诚意；致，就是致知；格，就是格物，全是所说的穷尽天理而尽性。天下，并没有性外之理，也没有性外之物。圣人的学说不光明，主要是因为世上的儒学之人主张理是外在的，物是外在的，却不明白以义为外的观点，孟子批判过“义外”这一说法，以致沿袭错误而不知晓，这难道不也是似是而非而难以理解之处吗？所以不能不加以甄别。先生，您怀疑我的“格物”学说，必定是认为我的学说肯定内求而否定外求；认定我只肯反身自省而摒除了讲学探讨的功夫；认定我只注重简约的纲领本原，而忽视了详细的细节条目；认定我深陷于枯槁虚寂之中，而不能挖掘净尽物理人事的变化。如果是这样，我哪里还只是圣学的罪人、朱子的罪人呢？这是在用异端邪说欺骗我百姓，是背道离经，人人都可以讨伐诛灭的。更何况是您这样正直的人呢？若真如此，世上稍懂一些训诂、知晓几句先哲言论的人，也都能明白它的错误，更何况您这样贤明的人呢？我所说的格物涵盖了朱子的九条。但是，我的格物学说自有关键之处，作用和朱子的九条并不相同，这正是所说的毫厘之差。然而毫厘之差，便会谬误千里，所以我不能不辨明体察。孟子批评杨朱、墨子，说他们“无父无君”。其实，杨、墨在当时也是贤士。如果他们与孟子同时，也不一定不被称为贤者。墨子主张“兼爱”，是行仁过了头；杨朱主张“为我”，是行义过了头。他们的学说，并非要违背天理扰乱纲常从而迷惑天下，但是，其所产生的弊端，被孟子比喻为禽兽、夷狄，这也就是所说的以学术来灭杀天下后世。如今，学术上的弊病，是学仁太过分了，或者是学义太过分了，还是学不仁、不义太过分了呢？我不知道若与洪水猛兽相比，他们会如何。孟子说：“我难道是爱好辩论吗？我只是不得已啊。”孟子所处的时代，杨墨学说名满天下，人人推崇，并不亚于今天的人推崇朱熹的观点，而独有孟子一人与他们争辩。唉，真可悲啊！韩愈说：“佛家、道家学说的危害比杨朱、墨子的更严重。”韩愈的贤明远不如孟子，孟子尚不能在世道人心败坏之前拯救它，而韩愈却想在败坏之后恢复世道人心，他也是不自量力，而且看见他身处危境，没有人来救他，以至于死去。唉！如我一样的人，更是不自量力，的确认识到了自身面临的危险，没有人能挽救这种局面。当众人都在欣喜欢悦时，只有我流泪叹息；当众人都怡然自得地同流合污时，只有我独自忧心忡忡疾首蹙额。此种情况，我如果不是神经错乱丧失理智，那么，一定是有极大的痛苦隐藏在心中。如果不是达到天下至仁的人，那么，谁又能明察呢？我写《朱子晚年定论》，也是不得已而为之。其中，书上出现的年代的早晚，的确有些没经过考证，虽不都是出自晚年，但大部分是写于晚年。我的本意在于婉转调停朱、陆的论争，以讲明圣学为重。我一生将朱熹的学说奉若神明，一旦与它背道而驰，心里就真的很难受，所以说是不得已才如此。“理解我的人，都知道我是在担忧，不理解我的人，还以为我有什么目的呢？”只是不忍心悖逆朱熹的学说，这是我的本心！无奈之下与它相矛盾，是因为道义本该如此。不直接说，道义就无法显现！您说我是有意要与朱熹不同，我岂敢欺骗我的本心？道，原本是天下公有的道；学，原本是天下公有的学，并非朱熹个人得到而据为私有，也不是孔子得到而据为私有的。对天下公有的东西，只有秉公而论。所以，对于正确言论，即便不同于自己的，也对自己有益；对于错误的言论，即便与己相同，也对自己有损害。对自己有益的，必定会喜欢它；对自己有害的，必定会厌恶它。那么，我今天所讲的这些即便与朱熹的观点不同，未必不被他所喜欢。君子的过错就像日食和月食，改正了错误，人人都崇仰他，而小人对自己的过错总是掩饰。我虽然才疏学浅，也固然不敢用小人的心态对待朱熹先生。您的教诲，反反复复有数百句之多，都是因为不明白我的格物主张。如果您全部理解了我的主张，那么，您所讲的这些都可以不用辩论，也能无障碍地理解。所以，我不敢再细细述说，以免累赘。但是，我的主张若不当面陈述，也不能简单用纸笔说清楚。唉！您对我的开导与启迪，可以说是诚恳而又周详了。喜爱我的人，谁又能像您这样呢？我虽然很愚笨，怎么能不知道感激佩服您呢？但是，我不敢毅然舍弃心中真实的想法来听从您的教诲，这正是因为不敢辜负您的深爱，也想以此来报答您。等到秋天过去，我回来的时候，一定会登门拜访，当面向您求教，到时还望您千万不吝赐教。

答聂文蔚一

【译文·177】

春天的时候，您劳顿绕远道来见我，反复询问论证，这种热情，我怎可担当得起呢！原本想相约几位友人，找一个僻静的地方，逗留十天半月，与我交流一下观点，以便在彼此切磋中求得进步。然而，您受公务的羁绊，不能久留，分别后，我怏怏不乐，若有所失。忽然收到您的来信，前后数千言，读后颇感欣慰。信中对我的过奖之处，不过是您对我的鼓励提携之情。其中的规劝砥砺，真切感人，其意在激励我进入圣贤的行列。另外，您又托付崇一，让他转达您的殷切关怀，若不是交情深厚，关爱真挚，又怎能如此？我既心存感激又心怀愧疚，并且害怕不能承受您对我的一片心意。即便如此，我又怎敢不自我鞭策勉励，而只在那里感愧谦让呢？您认为“子思、孟子、周敦颐和二程，他们并未期望在千年之后遇到知音，与其让天下人都相信，倒不如让一个人真正相信。道原本存在，学问也原本存在，全天下人都去信奉也不算多，只有一个人相信留下也不算少”。这固然是君子“不见是而无闷”的心态，但世上浅薄琐碎的人又如何能明白这一点呢？对我来说，其中有很多万不得已的苦衷，所以并不去计较别人是否相信。人即天地之心，天地万物与我本来就为一体。百姓所遭受的困苦残害，难道不是自己的切肤之痛吗？不知道自身的病痛，便没有是非之心。人的是非之心，根本不须考虑就能明白，根本不用学习就天生具备，这就是所说的良知。良知存在于人的内心之中，并无圣贤和愚笨的区别，天下古今都是如此。世上的君子只要务求致其良知，就自然能明辨是非，统一好善厌恶之心。待人如待己，爱国如爱家，从而与天地万物融合为一体。若能如此，想让国家治理不好恐怕也办不到。古人看到善就像自己做了好事；看到恶就像自己做了坏事；看到百姓饥饿困苦，就像是自己饥饿困苦；只要有一个人没有安顿好，就好像是自己把他推进了阴沟。这样做，并不是想借此来让天下人信任，而是一心致其良知以求自己心安罢了。尧、舜、禹、汤等圣人，他们说的话，百姓全都相信，因为他们是推致了自己的良知而说；他们做的事，百姓都喜欢，因为他们是推致了自己的良知而做。因此，他们的百姓安居乐业，即便被处死也毫无怨恨之心，百姓获得利益，圣人不引以为功。把这些推行到蛮夷偏僻地区，凡是有血气的人没有不孝敬父母的，因为大家有着相同的良知。唉！圣人治理天下是多么简单容易啊！后世良知的学说不再明达，天下的人各用自己的私欲才智互相倾轧。因此人人各有自己的私心，而偏僻浅陋的见解，阴险诡诈的手段不计其数。一些人在外打着仁义的招牌，暗地里却干着自私自利的事。他们用诡辩的言辞来迎合世俗，用矫情的行事来沽名钓誉，以损坏他人之美来作为自己的长处，以攻击别人的隐私来彰显自己的正派。因为仇恨而打击别人却说成是追求正义；阴谋陷害别人还要说成是疾恶如仇；妒忌贤能还自以为是主持公道；恣纵情欲还自以为是爱憎分明。人们彼此欺凌，互相迫害，即使是骨肉至亲之间，也已经不能没有争强好胜的心思，彼此间隔膜已经形成。更何况天下之大，百姓众多，事物纷杂，又怎能一视同仁呢？这就难怪天下动荡不安，祸乱不断啊！凭借上天的眷顾，偶然发现了良知的学说，认为只有致良知才能天下大治。因此，每每想到百姓的苦难就痛心疾首，忘记了自己的才疏学浅，希望以良知来救助百姓，也真是不自量力了。天下人见我这样，于是便来讥讽、诽谤我，认为我是丧心病狂的人。唉，这还有什么值得顾虑的？我正受着切肤的疼痛，又哪有空闲去计较别人的讥讽呢？如果有人看到他的父子兄弟坠入深渊，一定会大喊大叫，弃鞋丢帽，奋不顾身地下去解救他。士人们看到这种情况，就在一旁作揖打拱，谈笑风生，认为此人丢弃衣帽、大喊大叫，一定是个精神不正常的人。看到有人落水，不去救落水之人，却依然在那里作揖谈笑，这样的事，只有那些过路的人，没有亲戚骨肉之情的人才会做。但是，古人已说过："无恻隐之心，非人矣。"如果是有父子兄弟亲情的人看见了，一定会痛心疾首，奔走呼号，竭尽全力，乃至爬着也要去解救他们。此时，他将自己的生命置之度外，哪还在乎被讥笑为精神失常呢？又怎么会去期望别人的信或不信呢？唉！如今虽有人说我是精神错乱的人，我也不在乎。天下的人心，都是我的心。天下人中有病狂的，我为什么就不能病狂呢？天下人还有丧心的，我又怎能不丧心呢？从前孔子在世，有人评价他谄媚，有人讥讽他花言巧语，有人诋毁他的贤能，有人诽谤他不懂礼节，有人侮辱他是东家丘，有人嫉妒并咒骂他，有人厌恶并想杀他，晨门、荷蒉都是当时的贤明之士，尚且说他是"明知道不可为而为之""见识浅陋！既没有自知之明，还固执得很"。虽然他的弟子子路学有所成，尚且不能对孔子毫不怀疑，孔子去见南子，他表示极大不满。孔子的"先正名"竟被子路看成是迂腐。那么，当时不相信孔子的人岂止十之二三呢？但是，孔子依然匆匆忙忙，仿佛在路上寻找丢失的儿子，没时间坐上暖席，这样做难道是为了别人能明白、相信自己吗？究其原因是他有与天地万物一体的仁爱之心，他深感病痛紧急，即使不想管也身不由己。因此他说："我不和世人相处还能和谁在一起呢？""想要洁身自好却扰乱了道德伦常。""果然，最终很难啊！"唉！如果不是真诚地与天地万物为一体的人，又有谁能明白孔子的心情呢？至于那些远离世事无所用心而乐天知命的人，自然可以做到"君子无入而不自得"，"与老天并行而不互相妨碍"了！我才疏学浅，岂敢以弘扬孔子的圣道作为己任。只是我大概也知晓自己身上的病痛，所以心中彷徨，四处张望，希望能找到对我有帮助的人，和我一起治好我的病痛。如今，如果能有志同道合的杰出人才来扶持匡正我，共同将良知之学光大于天下，让全天下的人都知晓致其良知，以彼此帮助、启发，去除自私自利的弊病，荡涤干净谗言、嫉妒、好胜、愤恨等恶习，从而实现天下大同，如此我的精神疾病便会全然而愈，也最终避免了丧失心智的忧患了。这不是很痛快吗？唉！如今要在世间真诚寻觅志同道合的杰出人才，除了像您这样的人，我还能寄希望于谁呢？凭您的才能和志向，实在是可以拯救天下受难的劳苦大众。如今，既然知晓一切皆在我心，就不必借助于外部了，就此加以发展，就像是江河决口流入大海，又怎么能抵御呢？文蔚，你所说的"有一人相信也不算少"，那你还能谦虚地推让给谁呢？会稽素来是山水秀美的地方，幽深的树林和山谷随处可见。一年四季，气候宜人。居住安逸，食物充足，没有凡尘的喧扰，高朋满座，道义日日精进，实在是逍遥自在至极！天地之间还有比这更闲适快乐的吗？孔子说："不怨天，不尤人，下学而上达。"我和几个志同道合的朋友，正想按照孔子的话去做，又哪有空余时间去向外寻觅呢？有这切肤之痛，却不能无动于衷，就又写了这封信。我因咳嗽又加上暑热，懒于写信。信使远来，逗留月余，临行提笔，不觉间又写了这么多。大概是我们相知深厚，虽然已经如此详尽重复，却仍然觉得还有很多话没有说完。

答聂文蔚二

【译文·178】

收到来信，见你近来的学问进步很大，我的欣喜和慰藉之情难以言说。仔细阅览数遍，其中虽然仍对一两处理解得不太透彻，却也是因为致良知的功夫尚未纯熟，等功夫纯熟时，自然不会再有这种现象。比如赶马车，既然已经行走在康庄大道上，有时出现迂回曲折，那是由于还未调教好马性，或者是缰绳勒得还不够整齐，但是既然已经走在康庄大道之上，就绝不会受骗误入歧途。最近，海内诸多朋友中能达到您这一步的还不多见，因此我甚感欣慰。这真是圣道的一大幸事啊！我原本就有咳嗽怕热的毛病，近来在炎热的南方，总是反复发作。皇上圣明洞察，将很重的责任托付给我，我不敢立即推辞。地方上的军务冗乱杂沓，我都是带病处理的。如今很庆幸的是动乱已经平定，我已经向皇上呈请回家养病，如果能在家乡消暑养病，或许能够痊愈。我即将返乡，伏枕写信，寥寥数语说不尽倾慕和企盼之情。另外，我还有一封信给陈九川，请代我转达。

针对你来信中问的问题，我只能简单回答如下：这些年来，那些在山上讲学的人，总是说勿忘勿助的功夫很难。我便向他们询问其中的原因。他们说稍加注意，就是助长，稍不用心，就会遗忘，因此很难掌握。我继续问他们："忘是忘什么？助是助什么？"他们不能回答，反过来又向我请教。我对他们说，我在此讲学只说一个"必有事焉"，而不说勿忘勿助。"必有事焉"，也就是每时每刻去"集义"。如果时刻都去做"必有事"的功夫，有时又出现间断，这就是忘，就必须"勿忘"。时刻都去做"必有事"的功夫，有时又想见效快，这就是助，就必须"勿助"。这种功夫都用在"必有事焉"上。"勿忘勿助"只在里面起着提醒警觉的作用。若功夫本未间断，就不用说"勿忘"；本不想见效快，就不用说"勿助"。这功夫是怎样的明白简易、怎样的洒脱自在！如今却不在"必有事"上下功夫，而是空守着一个"勿忘勿助"，就像是生火做饭，锅里没有烧水下米，而只是一味去添柴加火，最终不知能烧出个什么名堂。只怕火候还没来得及调好，而锅早已先行破裂了。近来有一种人专在"勿忘勿助"上下功夫，他们犯的毛病正是如此。整日里凭空去做一个勿忘的功夫，又凭空去做一个勿助的功夫，忙忙碌碌，完全没有下手落实的地方，到头来功夫也只做得个死守空寂，变成了一个痴呆愚钝的人。一旦遇到事，就心烦意乱，不能从容应付。这些人都是有志之士，却苦于困扰，耽搁了一生，这都是错误的学术误导了他们，真让人惋惜啊！"必有事焉"也就是"集义"，"集义"也就是"致良知"。提到"集义"时，可能一时间还不能掌握住重点。说"致良知"，立马就能找到实地用功的地方。所以我单单只说致良知，随时在具体的事上致良知，也就是格物。实实在在地去致良知，也就是诚意。实实在在地致良知，而没有一丝一毫的意、必、固、我（孔子一生以四绝"勿意，勿必、勿固、勿我"要求自己），也就是正心。实实在在地致良知，也自然就不会有忘的毛病；没有丝毫的意、必、固、我，也自然就不会有助的毛病。所以，在说到格物、致知、诚意、正心时，也就不用另外再说勿忘勿助了。孟子说勿忘勿助，是针对告子的缺点而言的。告子主张控制人心，这是犯了助的错误，所以孟子只谈助长的危害。告子之所以犯助的错误，也是因为他把义看作是外在的，不明白在自己的心上“集义”、在“必有事焉”上努力，所以才会如此。若时时从自己心上出发去“集义”，那么，良知的本体自会了解透彻，而是非也会纤毫毕露，又怎么会有“不得于言，勿求于心。不得于心，勿求于气”的错误呢？孟子所主张的“集义”“养气”，对后来的学问虽然有很大贡献，却也只是对症下药，说得很笼统，比不上《大学》中说的格物、致知、诚意、正心的功夫，尤其精一简易，上下贯通，流传千秋万代都没有弊端。圣贤在教导学生的时候，大多是因时因事制宜，他们讲解和教的方法存在着很大的不同，却秉持着一个宗旨。这是由于天地间，原本是仅有这一个性，这一个理，这一个良知，这一件事。所以，阐释古人论学的功夫，从来不用掺杂搭配，就可以自然地上下承接，十分通顺。如果需要掺杂搭配，那只能说明是因为自己的功夫还未彻底明白。最近，有很多人认为集义这项能力需要搭配致良知以后才能够变得更加完美，这正是因为他们对集义这项功夫理解得还不够透彻。集义的功夫如果不够透彻，就变成了致良知的阻碍。也有人说致良知必须与“勿忘勿助”的功夫搭配才可明白，这主要是因为致良知的功夫还不够纯熟。致良知的功夫不纯熟，又恰恰是勿忘勿助的负担。这些都是在文义上勉强地解释，只为求得融会贯通的效果，却不曾在实在的功夫上进行体悟，所以对细节越是关注，偏离精神主旨就会越远。文蔚，你的观点，在“大本达道”上已不存在任何大的问题，至于致知、穷理、勿忘勿助这些学说，还时不时会有一些掺杂搭配的地方，这就是我说的康庄大道上的小的曲折，这种情况等到你的功夫纯熟之后，自然就会消失。文蔚，你认为致知，从孝敬父母、尊敬兄长生活的细节点滴上去寻求，就会觉得有所依循，从这里就可看到您近来的真切笃实的功夫有所提升和进步。您从此处下功夫自然是没有什么大问题的，自然有得力之处。但如果以此当作教导别人的定论，就难免又会有因药发病的忧患，在这里就必须详细做个辩说。良知只是一个天理，这是毋庸置疑的，真诚恻隐是良知自然明白的呈现，这是良知的本体。所以说，孝就是致良知的真诚恳切表现在侍奉父母上，悌就是致良知的真诚恳切表现在尊敬兄长上，忠就是致良知的真诚恳切表现在辅佐君主上。这是唯一的良知和真诚恳切。如果尊敬兄长的良知不能真诚恳切，那么侍奉父母的良知也不能真诚恳切；如果辅佐君主的良知不能真诚恳切，那么尊敬兄长的良知也不能真诚恳切。所以，能致辅佐君主的良知，才算是能致尊敬兄长的良知；能致尊敬兄长的良知，才算是能致侍奉父母的良知。但是这并不是说如果不能致辅佐君主的良知，就必须从侍奉父母的良知上去延伸出辅佐君主的良知来。如果是这样的话，这就又脱离根本，从而局限于细枝末节上了。良知只是一个，它的显现的作用之处，本就是完善的，无须寻求，也没有必要到别处转借。但良知的显现与作用之处，生来就有着重轻厚薄，丝毫不能够增减半分，这正是程颐所谓的“天然自有之中”。这其中的重轻厚薄虽不容增减分毫，但良知的本体只是一个。虽然本体只有一个，但其重轻厚薄又不容增减分毫，若能增减，能向外求借，那就不是真诚恻隐的本体了。这就是良知的妙用之所以无形无体，无穷无尽，“说它大，天下不能够承载，说它小，天下不能够分离”的最根本原因。

孟子有一句名言，是“尧舜之道，孝悌而已”，意思就是在人的良知最真切的地方不断提醒，让人在辅佐君主、结交朋友、仁爱百姓、喜爱事物和动静语默等一系列的日常琐事中，都要始终一心地去推致他那孝亲敬兄的真诚恳切的良知，那样的话，自然无处不是道了。天下之事虽变化无常，以至于无穷尽，但只要是推致这孝亲敬兄的真诚恳切的良知去应付自然界中的千变万化，就不会出现疏漏，这正是因为只有一个良知。除了一心孝亲敬兄的良知以外，再也没有其他的良知可致。所以说，孟子这句“尧舜之道，孝悌而已”正是“惟精惟一”的学问，放到哪里都是最为合适的衡量标准，即便是在后世贯彻施行起来也不会显得落伍。文蔚还说：“想在侍奉父母、尊敬兄长之中，探求所谓良知的学问。”这从自己用功得力的方面来进行理解，是可行的。但是说要从致其良知的真诚恳切中求得孝亲敬兄之道，也不是不可以。程颢说：“行仁从孝悌开始，孝悌是仁之中的一件事，说它是行仁的根本是可以的，说它是仁的根本就不对了。”如此说才正确。关于“不臆不信”“不逆诈”“先觉”等这些论断，你认为只要内心真诚，即便是旁门左道、迂曲防御，也均为致良知的作用，这种观点非常正确，对于其中存在的掺杂搭配等问题，我在前面已经做出了相关的解释。九川先生的话，不能说完全错误。但是就你而言，应当注意汲取九川的主张以求得全面详尽，而对于九川而言，又必须注意汲取你的主张才可以做到更明白，如果不是这样，你们难免会有各执一词的偏颇毛病。虞舜喜欢用心分析浅近的道理，并且主动积极向樵夫请教。这并不是说浅近的话应当去花费心思认真思考，而是舜认为应当向渔夫请教，所以他才能够这样做。他之所以被称为“大知”，正是因为舜的良知显现作用，其良知光明圆净，没有一点障碍和遮蔽。一旦自己一意孤行，那么必定会使认知变得狭隘。在讲学的过程中，自然有取舍和分辨的情况出现，但是，只要心中踏踏实实地下功夫，就必须这样做才行。我曾经用生而知之、学而知之和困而知之来解说“尽心三段”，这样的解释已经非常清楚了，毫无存疑。对于尽心、知性、知天的人，已经没有必要再对其宣讲存心、养性、事天，也无须“夭寿不贰，修身以俟”。这是因为，存心、养性和“修身以俟”的功夫已经在存心、养性、事天中间了。能够做到存心、养性、事天的人，就算是一时没有达到尽心、知天的程度，但已经是正在使用尽心、知天的功夫，因此也不用说“夭寿不贰，修身以俟”了。这是因为“夭寿不贰，修身以俟”的功夫已在存心、养性、事天之中了。就像是行路，尽心、知天的人，就像年轻力壮的人，可以做到在上千里的路程中来回奔跑。存心、事天的人，仿佛年少的儿童一样，只能在院子中学习走路。“夭寿不贰，修身以俟”的人，就像襁褓中的婴孩，扶着墙壁慢慢学习站立移步已经是他可以做到的极限了。既然已经具备了能在数千里的路上来回奔跑的强大能力，就没必要再要求他在院子里慢慢练习走路，因为在院子中走路自然没问题。既然已经能在院子中走路，也不必再扶着墙壁学习慢慢移动，因为站立移步已不成问题。然而要明白，学习的基础是在院子里进行站立移步的练习；千里来回奔跑的基础是在院子里练习站立移步，两者之间原本就是一回事，但其间功夫的难易程度却是不能同日而语。那么就心、性、天而言，其本质是一样的，所以它们的效果也就必然会相同。但是，尽心、知性、知天三种人的人品与才力有高低之分，是无法超越等级而行动的。认真琢磨您的观点之后，我认为，您是担心尽心、知天的人，会因为这个理由而摒弃了存心、修身的功夫，反过来会对尽心、知天带来比较大的损害。这是忧虑圣人的功夫会有间断，而不懂得应该为自己的功夫还不够真切和纯熟而忧虑。我们下功夫，必须一心一意在“夭寿不贰，修身以俟”上，如此才能算作是尽心、知天功夫的开端。就好像学习站立移步，是学习奔走千里的最初的基本功。如今，我忧虑的是，他是否具有站立移步的能力，又怎么会去忧虑他是否具备奔走千里的能力呢？更何况去忧虑那些已能够奔走千里的人会忘掉站立移步的最初的本领呢？文蔚，你的见识本是超凡脱俗的，不过单从你的这句话来分析，却还是不能够彻底摆脱从前解读文义的习惯。正是因为这样，你才会把知天、事天、夭寿不贰分开来看待和理解，并加以分析、比较、综合，以求得尽快融会贯通，但是结果却增加了许多没有必要的烦恼，反而使自己不能够专心用功了。近来凭空去做勿忘勿助功夫的人，也都是犯了这个错误，这件事真的是害人不浅，应当尽快想办法将它彻底铲除干净。所说的尊德性和道问学一节，认为其应该达到统一的标准和境界，这是毋庸置疑的。这是你切实用功后才说出来的话。这原来就是非常简单易懂的道理。但是有的人却持不同意见，还是说明他们的良知中潜伏有纤细的灰尘和瑕疵。只要把这些灰尘除去，道理就自然明白无误了。这封信写好了以后，我就让人把我移到屋檐下躺着，没有别的事可做，就又加了几句。文蔚，您的学问已经能够非常准确迅速地抓住这些问题，而这些问题待天长日久后自然就会理解，原本没有必要再做重复的讲解。但承蒙您的信任，不远千里，专人来问，也正是为了您的这一片心意，我不可不说。但我实在是愚笨琐碎。您这么相信我，我想您该不会怪罪我吧。我把这一封信抄好了几份，分别寄给惟浚、谦之、崇一等，让他们体会与你相同的好意。

训蒙大意示教读刘伯颂等

【译文·179】

古代老师对学生教授的主要都是人伦道德。到了后来，背诵辞章的风气兴起，先王对学生士子的思想教化也逐渐消失了。而现在教育儿童，应该把孝、悌、忠、信、礼、义、廉、耻作为重要内容。有关教育的方式方法：应当通过对诗歌的咏唱来激发他们对传统文化的志趣；引导儿童学习礼仪，来端正他们的仪容；教导他们读书，以开发他们的智力。现如今，人们常常认为唱歌、咏诗、习礼不符合现代生活和工作的需求。这是一种极其庸俗鄙陋的观点，他们根本不会了解和领会古人推行教育的初心。一般而言，少年儿童的性情是喜好自在、害怕拘束的，这就像草木刚刚发出新芽时，若让它在舒适的环境下生长，它就能枝繁叶茂；如果对它摧残压抑，那么它只会慢慢枯萎，乃至死亡。今天，对于少年儿童实施的教育应该是宽松自由的，务必要使他们欢欣鼓舞。从内心喜欢知识、爱上学习，只有这样他们才会进步，不会停止。就像春天的和风细雨，慢慢滋润了花草树木，它们才会抽枝发芽，茁壮生长。如果放在严苛如冰霜的环境中，挫其生气，限制生长，它们只会逐渐枯萎死亡。所以，通过咏诗、唱歌的方式方法进行教化，不仅可以激发他们的志趣，更能够使他们在咏唱中发泄情绪，舒缓精神，在抑扬顿挫的国学诵读音节中抒发快节奏和大量学习任务带给他们的郁闷之气；引导他们学习礼仪，不光是为了能够严肃他们的仪容仪表，更是为了使他们在揖让叩拜等动作中活动血脉、强筋健骨；教他们读书，不光是为了开发智力，也是为了让他们在反复的钻研中修身养性，在抑扬顿挫的朗诵中弘扬志向。这一切全都是为了在志向上因势利导、陶冶性情，在潜移默化中消除他们思想中的麻痹和愚钝。通过这样的方式逐渐使他们的行为符合礼仪标准，成为有教养的人，精神和身体上也不会感到辛苦，性情变得中正平和，这正是先贤设立教育的最根本的目的。现在从事教育的人们，每天只知道督促学生没完没了地进行课业练习，不断苛求他们约束自己，而放弃以礼仪来诱导他们的方法；单纯希望他们聪明灵巧，却忽视培养其善心；鞭挞约束学生像管教囚犯一样。这样的教育方法和学习氛围只会让他们把学校看作是牢狱，把老师当作强盗和仇人而避之不及。于是，为了嬉戏耍闹，就撒谎捣蛋，就抓住机会逃学，从而在思想和行为上逐渐趋向轻薄下流。这样就是一面驱使他们作恶，一面要求他们向善，怎么可能行得通呢？我主张的教育，其本意正在于此。只怕世人不理解，还把我当成迂腐的学究。而且我马上就要离开这里了，所以，我特别叮嘱，希望我们这些为人师表者，一定要正确理解我的用意并遵守规矩，不要因为世俗的言论而轻易更改废弃这些规矩，这也许就可以起到“蒙以养正”的作用了吧。请千万要记住！

教约

【译文·180】

每天清晨，学生参拜行礼完毕，教师依次询问学生：居家时关爱亲人、尊敬长辈之心，能做到不松懈疏忽、情真意切吗？温清定省的礼节，是否有欠妥之处，是否认真实践了？在路上奔走往来时，是否能注意举手投足的礼表而无任何放荡无礼之处？一切言行思想，是否忠诚无欺？学生一定要照实回答，如果有就尽快去改正，如果没有就更加注意，保持高尚的情操。教师再根据每个学生情况的不同进行教导和矫正，最后才开始文化学习。

吟唱诗歌时，要仪容整洁，心静神闲，声音清悦，音调节奏优美，不要急躁、狂闹，更不要气馁、惧难，时间长了，慢慢就会精神宣畅，心平气和。学校根据学生人数多少平均分为四个班，每天安排一个班的学生吟唱诗歌，其余的学生都端坐，表情严肃，认真聆听。每五天让四个班级依次吟唱诗歌。每月初一、十五，以校为单位到书院比赛吟唱诗歌。

凡是学习礼仪，必须静心、严肃，保持良好的仪容仪表和行为举止，不可以大意自满而偷懒，不可以羞怯、随意，更不可以任性而粗野。一定努力做到从容不迫，但不至于迂腐迟缓；修行务求谨慎，但不必紧张。时间一长，礼貌的举止自然都会纯熟，德性自然能够坚定。学生的班次有如歌咏。每一天，就轮到一个班进行礼仪练习，其余几个班的学生都在座位上神色庄重地静静观礼。练习礼仪的那一天，就不必再有课外练习作业了。学校依次练习礼仪的时间定为每十天进行一次，每月初一、十五召集各学校在书院一起练习礼仪。

老师在授课时不应当只注重知识的多少，而要将精力放在学生对书本知识驾驭的精熟程度上，而且要善于根据学生的资质教学，能讲二百字的只可讲一百字，要常使其精神饱满，没有厌学的苦楚，而有获得知识的愉悦。在诵读的时候，诵读者必须做到专心致志，一边诵读一边用心体验，逐字逐句，反复体会。音调要抑扬顿挫，心胸要宽广虚静。久而久之就能做到举止有礼，谈吐文雅，越来越聪明了。

每天须做的功课，首先要考察德行，其次才是背书、朗诵，再次就是礼仪和课业练习，最后才是读书讲书、吟唱诗歌。一切事项都只是为了做到存养儿童的本性，从而使得他们在学习过程中只感到快乐，不感到厌倦，没有空余时间去干歪门邪道的事情。老师们知道了这些，就知道如何实施教学活动了。显然这里只不过是说了一个大概意思，要明白领悟其中的最精妙的地方，那就要看各人对功课的用功程度了。

下卷

陈九川录

【译文 · 181】

正德十年（1515 年），陈九川在龙江第一次遇到先生。先生与湛甘泉对“格物”之说进行了讨论，湛甘泉坚持朱熹的理论。先生说：“这就是向外求了。”湛甘泉也说：“假如认为穷推事物之理是从外求得，那就是自己把心看得小了。”陈九川非常认可朱熹的说法。先生还讲述了《孟子》的《尽心》这一部分，陈九川到这时候才对先生的学说毫不怀疑了。

陈九川后来在家闲居，还就“格物”的问题向先生请教。先生说：“只要把功夫用扎实了，慢慢就明白了。”陈九川在山中的时候又对《大学》进行了抄录，对旧本进行阅读，发觉朱熹“格物”之说有不妥之处，然而也对先生“意之所在为物”的说法存疑，认为“物”字的含义不够清晰准确。

正德十四年（1519 年），陈九川从北京回到南昌，再次拜见了阳明先生。阳明先生忙于军务，只能利用间隙来授课，一开始就向陈九川问道：“这几年你用功用得怎么样？”

九川说：“近年来，我体验到‘明明德’的功夫只是‘诚意’。

自‘明明德于天下’，一点点向着最根本的道理推究，到‘诚意’上再也无法推下去了。为什么格物致知的功夫在诚意之前呢？后来又体验到，必须先觉察到怎么才是诚意乃可，颜子（颜回）的‘有不善之处，我不是没有觉察到，等到觉察到了，我未尝再行不善’可以为证，于是我豁然开朗，好像再无疑问了。可是为什么致知之前又有个‘格物’呢？我自己想了又想，我的本性虚灵明觉，怎么会感觉不到意念的善恶呢？这只不过是被物欲给遮蔽了，所以要把物欲格去，然后才能像颜回先生一样明白善恶。我又怀疑自己这样做使得功夫颠倒，导致‘格物’和‘诚意’在逻辑上无法连贯。后来问希颜（应当是阳明的弟子蔡希渊），希颜先生说：‘先生说格物、致知就是诚意的功夫，我认为这个说法是非常正确的。’我再问：‘格物、致知是诚意的功夫，为什么会这样讲呢？’希颜让我再仔细体会。我还是不能彻底明白，所以请先生赐教。”

先生说：“真的是太可惜了！本来是用一句话就可以使你明白的，你所举的颜子的话就可以说明问题了。只要明白身、心、意、知、物是一个整体就行了。”

陈九川仍疑惑地问：“物在身体之外，怎么会和身、心、意、知成为一个整体？”

先生说：“耳、目、口、鼻、四肢，全都附属于身体，如果缺少了心，怎么能视、听、言、动呢？心里想做到视、听、言、动，如果没有耳、目、口、鼻、四肢也是无法做到的。所以说，无心就不会有身，无身就不会有心。只不过就其充塞处来说叫作身，就其主宰处来说叫作心，就心之发动处来说叫作意，就意的灵明处来说称作知，就意之涉着处来说称作物，都是一回事。这意念不是悬空的，肯定和事物相互联系，所以要想做到诚意，就是要随着意念在事上格正本心，除去心里的私欲，昌明心中的天理，那么良知在这件事上就不再有遮蔽而得以‘致’了。这就是诚意的功夫。”

听了先生的讲解，陈九川这几年来积存的疑虑顷刻间烟消云散。陈九川又问：“甘泉最近还相信了《大学》古本之中的说法：‘格物’就好像是在‘求道’，还说穷理就像掏空巢穴一样要亲自进到巢穴里面去，所以格物也只不过是随时随地体认天理而已。这好像和先生的解释慢慢地变得一致了。”

先生说：“甘泉还是非常用功的，所以才能转换回来。当时和他讨论《大学》中的‘亲民’二字不该像朱熹那样改作‘新民’，他不信。如今他对‘格物’的看法和我慢慢相近了，但不需要把‘物’字调换成‘理’字，还像原来用物就好了。”

到了后来，有人向陈九川提问：“你现在怎么不对‘物’字怀有疑惑了？”陈九川说：“《中庸》说‘不诚无物’，程颢说‘物来顺应’，又如‘物各付物’‘胸中无物’等说法，可看出这个‘物’字都是前人最常使用的字。”后来先生也这样说。

【译文·182】

九川问道：“近年来因为厌烦各家学说到处泛滥，常常需要静坐，想要摒除思虑杂念，不但没有做到，却越发感觉纷扰不已，这是怎么回事？”

先生说：“念头怎么能摒除？只要做到正心就可以了。”

再问：“是否有没有念头的时候？”

先生说：“确实没有无念之时。”

问：“这样的话，怎么能说是‘静’呢？”

先生说："静不是不动，动也不是不静。防范、恐惧，这都是念头，分什么动和静呢？"

问："周敦颐为什么说'定之以中正仁义而主静'？"

先生说："没有私欲自然会静，周敦颐所说的'定'，也就是程颢所说的'静也是定，动也是定'的'定'字，'主'指的是本体。防范、恐惧这些念头，是活泼的，这正体现了天机的生生不息，也就是'维天之命，于穆不已'。止息了那就是死了，不是本体的念头那就是邪念。"

【译文·183】

陆九川又问道："当精力集中、身心收敛的时候，如果有乐声、美色出现，还能像平常那样去听、去看，恐怕就不能算是专一了。"

先生说："怎么能充耳不听、视而不见呢？除非是形同槁木、心如死灰或耳聋眼瞎的人。虽然看见、听见了，只要心不随其漂流，不受其影响就可以了。"

九川说："曾经有个人在静坐，他的儿子在隔壁房里读书，而他却一点都不知道儿子是勤奋还是懒惰。程颐先生夸奖他能持敬。这是怎么回事呢？"

先生说："程颐只怕是在讥笑、嘲讽他吧。"

【译文·184】

九川又问："静坐用功的时候，已经可以感觉到心神聚敛。

只是一旦遇到事情就中断了，很快又想起应针对这件事进行剖析，反省自己的得失。等事情发展到一定的时机，又去寻找原来的功夫，仍然觉得有内在自省与外在功用的差别，总归是不能融为一体。”

先生说：“这是因为你对格物的理解还不够深刻。人的心怎能有内外的差别呢？就好像你现在在这里讨论学术，难道还会有另外一颗心在里边帮你照看吗？这种听讲和说话时专一的心就是静坐时的心。功夫是一以贯之的，哪还需要另起一个念头？人必须在事上磨炼、用功才会有好处。如果一味爱静，遇事就会慌乱，始终不会取得进步。那静时的功夫，表面看起来像是收敛，实际上却是放纵沉沦。”

后来在洪都时，九川又和于中、国裳讨论关于内外的观点。他们两人都说事物本身就有内有外，只是要内外兼顾，功夫不能中断。九川就此问题，特向先生请教。

先生说：“功夫离不开本体，心的本体原本也没有内外。只是因为后来做功夫的人将它分出了内外，使得本体丧失。现在正是要讲清楚功夫不要有内外之分，本体的功夫正在于此。”

这天，大家都有所收获。

【译文 · 185】

九川又问：“该如何评价陆九渊的观点呢？”

先生说：“自从周敦颐、程颢以后，也就只有陆九渊了，只是相对粗浅一些。”

九川说：“看他讲论学问，每篇都能说到精髓，每句都像是刺入要害，却看不出他到底粗在哪里。”

先生说：“对。他专心下过功夫。这与那些只揣摩文义并模仿的人自然不一样，但只要细致点去看，就能发现粗的地方。你用功久了，就能认识到这一点了。”

【译文 · 186】

明正德十五年（1520 年），九川到虔州再次与先生见面。九川问：“最近我做功夫虽然稍微理解了一些要领，但若想寻找到一个稳当快乐的所在，仍很困难。”

先生说：“你恰是要去心上寻找一个天理，这就是所说的‘理障’。这里面有一个窍门。”

九川问：“请问是什么窍门？”

先生说：“就是致知罢了。”

九川问：“如何才能致良知？”

先生说：“你的那一点良知，正是你自己的行为准则。你的意念所到的地方，正确的便知道正确，错误的便知道错误，不可能隐瞒一丝一毫。只要你对良知不存欺骗之心，踏踏实实地依照着良知去做，善也就留存下来，恶也能就此除去。这是多么稳当快乐！这就是格物的真正诀窍、致知的实在功夫。如果不仰仗这些真正的天机，怎样去格物呢？我也是近年来才将这一点领悟得如此清楚明白的。起初，我还疑虑只靠良知必定会有不足，后来仔细去看，实在是没有一点缺陷。”

【译文·187】

在虔州的时候，我和于中、谦之共同陪伴着先生。先生说："每个人的胸中都存着一个成为圣人的可能和心愿，只是因为自信心不够，都自己埋没了。"继而先生看着于中说，"你的胸中原本就是圣贤的人。"

于中连忙站起来回答不敢当，不敢当。

先生说："这本就是你自身所有，为何要推辞呢？"

于中又说："不敢。"

先生说："世上的人都有，更何况你于中呢？却为什么谦让起来？谦让是不对的。"

于是于中便笑着接受了。

先生又说："良知存在于人身，不管你如何也不能泯灭它。即使是盗贼，却也知道不应该去偷窃，说他是贼，他也会表现得不好意思。"

于中说："那只是被物欲给蒙蔽了。良知存在于人内心，自己不会消失。就像是乌云遮住了太阳，而太阳何尝消失了？"

先生说："于中是这样聪明，其他人的认识都还没到这一点。"

【译文·188】

先生说："把这些道理都看明白了，任它万语千言，是非真假，到跟前就会明了。能相合的就是正确的，不相合的便是错的。这与佛教所说的'心印'类似，真正是个试金石、指南针。"

【译文·189】

先生说："人如果深谙良知的诀窍，不管他有多少歪思邪念，只要良知觉醒，就都会自然消融。真是如一粒灵丹，能点铁成金。"

【译文·190】

崇一说："先生把致良知的主旨阐发得精髓皆尽，看来此处无法再讲了。"

先生说："怎能说得这样容易？你再用功半年，看看会怎样；再继续用功一年，看看会怎样。功夫下得时间越长，越能感觉到不同，这其中的奥秘难以言表。"

【译文·191】

先生问："九川，你是怎样体验致知的观点的？"

九川说："自我感觉与以前有所区别。以前在操持时，经常做不到恰到好处。现在感觉已经可以做到恰到好处了。"

先生说："由此你可知道，自己体验到的与听讲得来的确实不同。我当初给你讲时，你觉得很简单，没有体会到其中的滋味。只要就这个绝妙处再往更深处体会，你也许每天都会有与之前不同的认识，这是没有尽头的。"先生又说，"这'致知'二字，真正是千古圣贤相传的秘诀，理解了'致知'，自然就能'等到百世以后圣人验证也不会有疑惑'。"

【译文·192】

九川问："当程颐说到'体用本是一原，显在还是隐藏并无二致'的时候，他的弟子们都说他泄露了天机。先生的致知学说，是不是也泄露太多天机了？"

先生说："圣人早就告诉了世人致良知，只是后人将它隐匿了，而我发现了它，为什么说这是泄露天机？这本来就是每个人生来就有的，也不是什么要紧的事情。因而，如果对那些没有切实用功的人说，也不过是被轻视疏忽，互相并无益处。如果向那些切实用功但没能把握住要领的人揭示致知，便可使其获益匪浅。"

【译文·193】

先生接着说："理解了，才知道本不知；感觉了，才知道本无觉。然而，不理解就会真的埋没了自己的良知。"

【译文·194】

先生说："凡是与朋友交往，应当规劝指责少一点，开导鼓励多一点，这样才正确。"后来他又告诫九川："和朋友一起讨论学问，应该委曲谦让，宽厚待人。"

【译文·195】

九川在虔州病倒了。先生说：“关于病这个东西，也很难格正，你感觉怎样？”

九川说：“功夫很难。”

先生说：“常常保持快活的心态便是在做功夫。”

【译文·196】

九川问：“我反省思虑，有时会想到邪妄歪曲的事，有时又想去治理天下大事。思考到终极的地方时，也津津有味，甚至难以停息。这样的情况早点觉察还容易改变，觉察晚了就难以克治。用力去克治，就更觉得格格不入。只能稍稍转移去挂念其他事，才能随之将其全部清理出去。如此清除思虑，好像也没有妨害。”

先生说：“何必这样，只要在良知上下功夫就够了。”

九川说：“我现在说的正是良知还未知的时候。”

先生说：“我这里本就有致良知的功夫，为何要从他处求来？只是因为你的功夫间断了，蒙蔽了你的良知。既然断了，就继续用功补救就行了，何必非要像你说的那样？”

九川说：“真是困难的战斗，虽然一时明白了，仍不能扔掉。”

先生说：“必须有勇气。用功时间长了，自会产生勇气。因此说‘是集义所生者’。如果取胜容易，那就是大贤人了。”

【译文·197】

九川问："致良知的功夫要在心上体会明白，只理解书上的文义行不通。"

先生说："只需用心体会。心里理解了，书上的文义自然融会贯通。如果心里不理解，只去疏通书上的文义，还是会生出歧义的。"

【译文·198】

有一位下属官员，经常听先生讲学，说道："先生讲得实在精彩，只是我日常的文件、案件过于繁重，没有时间去求学。"

先生听后，对他说："我什么时候教你放弃文件、案件而悬空去研究学问？你既然有需要断案的工作，就从断案的事上学习，这样才是真正的格物。例如，当你审案时，不能因对方礼数不周而恼怒；不能因对方言语婉转而高兴；不能因为讨厌对方的请托而故意整治他；不能因为对方的哀求而屈意顺从他；不能因为自己的事务繁乱冗杂而草率断案；不能因为别人的诋毁和构陷而随别人的意愿去处理。这里所讲的这些情况都是私心杂念，只有你自己清楚。你必须仔细省察克治，唯恐心中有丝毫偏差而枉人是非，这就是格物致知。处理文件与诉讼，没有哪个不是切实的学问。假如撇开具体的事物去研究学问，反而会不着边际。"

【译文·199】

陈九川将要离开虔州，写了一首诗同先生告别："良知何事系多闻，妙合当时已种根。好恶从之为圣学，将迎无处是乾元。”先生看后说：“你如果没来此处讲论良知，就不会明白‘好恶从之’到底从的是什么。”

坐在一旁的敷英说：“确实如此。我研读过先生著的《大学古本序》，不懂其中说的是什么事。在这里听讲了一段时间，才稍微明白了其中的大意。”

【译文 · 200】

于中、国裳等人与先生同桌吃饭。先生说：“凡是饮食只是为了补充我身体的营养，吃了就得消化。如果把吃进去的食物全存积在肚子里，就成了痞病，怎么能滋养身体呢？孔孟之后的学者知识丰富，见闻广博，把知识全留在胸中，都是患了吃而不消化的痞病。”

【译文 · 201】

先生说：“圣人也是学而知之的，众人也是生而知之。”

九川问：“为何这么说？”

先生说：“这良知人人都有。圣人只是保存得较好，没有让它遭受障碍和遮蔽。圣人兢兢业业，勤勤恳恳，良知自然不会止息，这也是一种修习。只是圣人天分占得比重大，所以说其‘生知安行’。而世人在孩提时，没有不具备良知的，只是后来被私欲蒙蔽。然而，因本体的良知难以泯灭，即使求学克治，也只是依靠良知。只是学的分量大，所以说世人是‘学知利行’。”

黄直录

【译文 · 202】

黄直问："先生格物致知的观点，是随时格物来致其知。那么，这个知就是其中一部分的知，而不是全体的知，又怎能达到'溥博如天，渊泉如渊'的境界？"

先生说："人心本就如辽阔的天空和深不见底的深渊。心的本体无所不容，天原本就一个，只是被私欲蒙蔽，才失去了天的本来面貌。心中的理没有尽头，本来就是一个深渊。只是被某些人的私欲阻塞，深渊才失落了本来面貌。现在，念念不忘致良知，就能将蒙蔽和阻塞全都荡涤干净，就能恢复心的本体，心就又成了天空和深渊了。"先生于是指着天说，"如现在所看到的天是明朗的天，在四周所看到的天也仍是这明朗的天。只是因为被许多房子、墙壁遮住了，就无法看到天的全貌。如果把房子、墙壁全部拆除，就还是这同一个天了。不能说眼前的天是明朗的天，而外面的天就不是明朗的天了。由此可以看出，部分的知即全体的知，全体的知也即部分的知。知的本体自始至终都是一个。"

【译文·203】

先生说："圣贤不是没有功绩事业和正义品质，只是他们能遵循这天理，这便是道。圣贤不是因为功绩事业和正义品质而天下闻名。"

【译文·204】

先生说："'发愤用功，以至于都忘了吃饭'，这是圣人的志向，永远没有终止之时。'快乐得把一切忧虑都忘了'，这是圣人之道，永远没有忧郁之时。恐怕没必要说得与不得了。"

【译文·205】

先生说："我们这些人寻求致知之道，也只是随着各自的能力尽力去做。今天，良知在这个地方显现，就随着今天所理解的知识延伸到底。明天，良知又有新的领悟，那就随明天所理解的知识将其延伸到底。这才是精一的功夫。同别人探讨学问，也必须依据他的能力进行。这就像树苗刚萌芽，只能用少量的水去浇灌。树芽长了一点后，就多浇一点水。树从一把粗长到双臂合抱，浇水的功夫，都要随着树的大小来决定。如果刚萌生的嫩芽，将一桶水全都倾倒上，就会把它泡坏了。"

【译文 · 206】

有人向先生请教知行合一的问题。

先生说："这需要了解我论学的主旨。如今的人做学问，只是因为把知与行看成两回事，所以产生了一个念头，虽然是不好的念头，但因为没有行动，也就不去禁止了。我现在说的知行合一，正是要人明白一旦念头产生，也就是行动了。如果产生的是恶念，就把这恶念克治掉，并且要彻彻底底，不留一丝一毫潜藏在心底。这就是我论学的主旨。"

【译文 · 207】

"圣人没有不知道的，也只是知道一个天理罢了；没有不能做到的，也只是能循一个天理罢了。圣人的本体通透明白，所以对每件事他都知道天理所在，便循天理去做。并不是等本体通透明白后，才能对天下的事物全都了解，也才能做得到。天下的事物，比如名物、度数、草木、鸟兽之类，烦琐得使人受不了。圣人的本体虽通透明白，又如何能对所有事物全部明白？只是不必明白的，圣人自然不用知道；那些应该明白的，圣人自然会询问清楚。例如，孔子进入太庙，逢事必问。而先儒朱熹认为，孔子虽然全部知道，却还是要问，这是恭敬谨慎到极点的表现。这种观点说不通。圣人对于礼乐、名物方面，不必事事皆知，然而其明白一个天理，就自然会衍生出许多规章制度。不知就问，这也是天理的法则。"

【译文·208】

黄直又再次发问："先生，您曾经说善恶本是一体。善恶如同冰炭不相容，又怎么说是一体呢？"

先生说："心的本体就是至善。本体稍有不当就是恶了。善恶并不是生来就对立存在的，善恶只是一个东西。"

由于听了先生的这些讲解，黄直就明白了程颢所讲的"善固性也，恶亦不可不谓之性""善恶皆天理。谓之恶者，本非恶，但于本性是过与不及之间耳"。这些言论没有什么值得去怀疑的。

【译文·209】

先生曾这样认为，如果一个人好善如爱美丽的东西，憎恶好像讨厌恶臭的味道，那么这个人就可以被称作圣人。

黄直初听这言论，感觉非常简单。后来亲自试验，感觉到这个功夫很难。比如，心里的念头虽然知道好善恶恶，然而不知不觉间就会夹杂别的意念。只要是有掺杂，就不是"如喜欢美色那般喜欢善、如讨厌恶臭那般讨厌恶了"。能切实地喜欢善，那就没有念头是不善的了；能切实地厌恶恶，那就没有念头是恶的了。这样，怎么不是圣人呢？所以圣人的学说，只是一个"诚"字而已。

【译文·210】

黄直向先生请教他的《修道说》中所说的"率性之谓道"为圣人应做之事，"修道之谓教"为贤人应做之事。

先生解释说："平常人也能'率性'，只是圣人比普通人'率性'的成分多，所以'率性之谓道'是圣人应当做的事。贤人比普通人'修道'的成分多，所以说'修道之谓教'是贤人应做的事。"先生还解释说："《中庸》这本书，是讲修道的事。所以，后面所讲的君子，如颜回、子路等，都是修道的人；所讲的小人、贤者、智者、愚者、不肖者、老百姓，是不修道的人；其他的还有舜、文王、周公、孔子这些了不起的圣人，又都是自然修道的人。"

【译文·211】

黄直问："儒家学者三更时刻，需要尽量排除心中的思虑，使心中没有杂念，这和佛教所主张的静是一个道理。守静的时候，无论儒、佛都不受到外力的干扰，此时两者有什么区别呢？"

先生说："动和静只是一个。三更时候万籁寂静，只是存天理，也就是当下应事接物的心。当下应事接物的心，也要遵循天理，也就是三更时分寂静的心灵。所以动静只是一个，不可以分开。理解了动静合一这个道理，自然就明白了佛、儒之间细微处的分别。"

【译文·212】

在座的一帮学生当中，有一个举止过于矜持的人。先生评价说："一个人如果过于矜持的话，那么这个人的心理和行为肯定存在弊端。"

问："过分矜持，怎么有弊端呢？"

先生解释说："人的精力是有限的，如果只在外表上下功夫，内心的修为就不会精深了。"

如果遇到过于直率的人，先生这样解释说："如今讲求良知学说，若在外表上太不注意，那就又是将心与事分开了。"

【译文·213】

有一个学生写文章为他的朋友送行。为这件事，他对先生说："写文章是比较费精神的，写成后一两日总会记在心上。"

先生说："思考文章并无害处。但写完了经常记在心里，总是被文章之中的情绪所累，心中存有一物，反倒还不好了。"

还有另外一个人作诗送给朋友。先生看完他的作品对他说道："文章写得好是件好事，但是要根据自己的水平能力来措辞，如果将情绪和意思表达过了头，就会让人觉得有点做作了。"

【译文·214】

"朱熹关于格物的主张，缺少一个主宰处。比如他讲的'察之于念虑之微'这句话，就不应该与'求之文字之中，验之于事为之著，索之讲论之际'混淆来谈，如此就没有了轻重之分。"

【译文·215】

有人就《大学》中"有所忿懥"这一主张向先生请教。

先生说：“诸如愤怒等情绪，人的心中怎会没有呢？只不过是不应该有而已。愤怒的情绪在心中时，比较容易受情绪的控制，有时会发怒过当，就失去了纵览全局的本心了。所以说，心里有愤怒的情绪，心就不能保持中正。到了现在，对于发怒等情绪，只要顺其自然，不要过分在意，那么心体自会恢复廓然大公的状态，从而实现本体的中正了。就好比外出看见有人在打斗，对于错的一方，我也会愤怒。然而我虽然愤怒，但心中却是公正的，不会动气。现在对他人有怒气时，也应如此，这才是心体的中正。”

【译文·216】

先生曾说道：“佛教对于‘相’不执着，其实是对‘相’的执着；儒家对于‘相’执着，其实却是对‘相’不执着。”

黄直就这个问题向先生请教。

先生说：“佛教弟子离开了父子是担心受父子之爱连累；离开了君臣是担心受君臣之义连累；离开了夫妻是担心受夫妻之情连累。这些均是为了君臣、父子、夫妇而执着，所以他才要逃避。我们儒家，将仁爱，忠义，礼节分别给了父子、君臣、夫妻，何曾执着于父子、君臣、夫妻的相？”

黄修易录

【译文·217】

黄修易向先生问道："空空荡荡的心没有恶念，是不是需要存养一个善念？"

先生说："除掉了恶念，就是善念，也就是恢复心的本体了。就好比太阳的光芒被乌云遮住，乌云过后光芒又重现了。如果恶念已经除去，又要存个善念，就像是在阳光下去点亮一盏灯。"

【译文·218】

有人问道："近来修炼功夫的时候，也感到妄念不再滋生。但是内心还是一团漆黑，不知道怎样才能见到光明。"

先生说："刚开始用功，心里怎么会立即光明呢？就好像流动着的污水刚倒到缸里，开始的时候就算是静止不动，也还是浑浊的。只有经过长时间的沉淀和放置，水里的脏东西才会慢慢沉淀下去，水又会变成清亮的水。只要你把功夫用在良知上，长期存养，心中的黑暗自会退去，光明自会到来。如果让它立刻见效，却是揠苗助长，不能算作是功夫。”

【译文·219】

先生解说：“在格物上用功，是我教别人致良知的主要路径，它是有坚实基础的学问。每天有所进步，时间越久，越觉得精明。朱子教人到每件事物上去寻求探讨，那是没有根基的学问。人年轻的时候，虽然还能修饰表面，即使有闪失也看不出，到老年时精力衰竭，最终会支撑不住。好比无根之木，移栽到水边，虽然暂时生机勃勃，但终究还是会枯死。”

【译文·220】

有人就《论语》中的“志于道”章向先生请教。

先生说：“关于‘志于道’这种论点，它包含了以下好几种意思，不能仅停留在‘志于道’上。例如建造房屋，它的‘志于道’，就是一定要挑选好位置，用好建材，将房子建成；‘据于德’，就是把房子建成，可以居住了；‘依于仁’，就是一直生活居住在这里，不再随便离开；‘游于艺’，就是把这建好的房子进行装修、装饰。艺，即义，就是理的最恰当的地方。就像诵诗、读书、弹琴、射击之类，都是为了调整心态，使它能够更纯熟。如果不‘志于道’就去‘游于艺’，就好像一个毛头小子，不先去盖好房子，只顾买画来装饰、装点门面，不知他要把画挂在哪里。”

【译文·221】

有人问："读书就是为了修养内心，因而它是不可缺少的。但是在读书的时候，总是会迸出科举功名的念头，怎样才能有效地避免这种情况出现呢？"

先生说："只要拥有真切的良知，就算是为了科考，它也不会变成心理负担的。就是有负担，只要能够及时发现并且克治它就行了。就好像读书的时候，知道强记的心不对，那就想办法克去它；知道求速的心不对，那也就克治它；知道夸耀且好胜的心不对，更是毫不犹豫地克治它。这样的话，总是将精力放在与圣贤不断靠近的事情上，这就是纯乎天理的心应当有的状态。无论怎样抓紧时间努力学习，也只是对心的修养，是不会有什么负担的。"

有人又提出问题："先生，您费心教导我，但是我天资愚钝，实在是难以不受到牵累啊。我听说，人这一生贫穷和富贵都是上天注定的。天资聪明的人根本不把科举的事情放在眼里。可我学不了他们，而是被功名迷了心智，心甘情愿为了取得功名而努力，实在是自寻烦恼，我想要摒弃这个念想，可是又迫于父母的压力，不能放弃，我该怎么办？"

先生说："因这类事情埋怨父母的，天下比比皆是。归根结底，只能怪他自己没有为自己树立高远的志向。志向坚定了，又有良知的主宰，千事万事也只是一件事。读书写文章，不会成为人的负担，人的困扰主要是太过在乎自己的得失！"于是先生感慨道，"没有正确领会良知的真正含义，使得多少了不起的人才虚度一生！"

【译文·222】

有人问："告子说'生之谓性'，我觉得说得很对，但孟子为何说他不对呢？"

先生说："性是生来就有的，但告子的认知偏离了，没弄清问题的关键所在。如果弄清了关键所在，他的话也是正确的。孟子也说过：'形色，天性也。'这也是针对气所讲的。"先生又说："一个人胡乱说话，为所欲为，都说这都是根据自我心性而做出的，这就是所说的'生之谓性'。但这会出现很多失误。如果弄清了关键所在，在自我良知上说出来、做下去，自然就不会出现差错。然而，良知也只是凭口说，凭身体力行，怎能从外获得气，另外去说、去做呢？所以程颢说过：'论性不论气，不备；论气不论性，不明。'气就是性，性也就是气，但是，必须弄清关键所在才行。"

【译文·223】

先生还说："大家在做功夫的时候，不要刻意助长它。有上等智慧的人太少了，一般学者并无超越、达到圣人境界的道理。起、伏、进、退，这都是做功夫的顺序。不能因为我前天用了功，到了今天没有什么帮助，就勉强做出无懈可击的样子，这是刻意助长，这方法，连从前的所有的努力都遗弃了。这不是小错。这如一个人走路，不小心摔倒了，爬起来继续走，不假装一副没摔倒过的样子来欺骗别人。大家只要拥有'遁世无闷，不见是而无闷'的心，凭借着这良知沉住脾气耐住性子，不把别人的嘲笑、诽谤、侮辱放在心里，任他功夫有进有退，我只坚持这致良知的功夫经久不息，自然会有得力之时，不会被外面的任何干扰所动摇。”先生还说：“如果认真用功，不论别人怎么诽谤和侮辱，自己依然会坦然接受，这反而会处处受益，处处都能培养品德。若不用功，别人的诽谤和侮辱就会如魔鬼，最终会被它累垮。”

【译文·224】

一天，先生去禹穴游览，他看着农田里的禾苗说：“就这么几天工夫，庄稼又高了。”

一旁的范兆期说：“这只是因为它有根。如果做学问能自己种下根，就不用担心不进步。”

先生说：“哪一个人能没有根呢？他们天生的灵根就是良知，自然能生生不息。只因为被心底的私念所累，把这灵根残害和蒙蔽了，使它不能正常地生长发育。”

【译文·225】

有一位朋友经常因为生气而责怪别人。先生告诫他说：“学习应该反身自省。如果只去责怪别人，就只能看到别人的错误，而不会看到自己的不足。若能反身自省，才能看到自己有许多不足的地方，根本没有时间去指责别人。舜能感化傲慢的象，最主要的就是舜没有关注象的不是。如果舜只去纠正象的不足之处，就只会看到象的不足，而象又是一个傲慢的人，肯定不会承认错误，又如何能被感化呢？”

这位朋友听了这番话，甚感惭愧。

先生说："从现在开始，你只要不去随便评论别人的对错，大凡想要责备别人的时候，就把它当作自己的一大私欲加以克治，这样才可以。"

【译文·226】

先生说："朋友们在一起辩论，难免有人表现得浅近粗疏，有人要显示才干，故意褒扬自己，这都是毛病在不停显现。只有对症下药才可以，不能因此而怀有轻视别人的想法。如果这样，就不是君子与人为善的心了。"

【译文·227】

有人问先生："关于《周易》一书，朱熹侧重卜筮，程子侧重天理。先生，您的看法呢？"

先生说："卜筮和理，是共生存在的。天下的理有比卜筮更大的吗？只是后世之人把卜筮仅看成算卦了，所以认为卜筮是雕虫小技。却不知现在师友间的问答，博学、审问、慎思、明辨、笃行之类，均为卜筮。卜筮只不过是为了弄清心中的疑惑，使人的心变得清亮明白罢了。《易》是向天请教，当人提出质疑而自信心不足时，就用《易》来向天求教。人心往往有所偏私，唯有天不容丝毫虚伪。"

黄省曾录

【译文 · 228】

黄省曾问："'无适也，无莫也，义之与比'，世间的每件事是不是都是这样？"

先生说："当然，是要有一个关键才可以。义，也就是良知，知道了良知是关键，才不会拘泥固执。例如，接受别人的赠礼，有今天应该接受而改天应当谢绝的情况，也有今天不该接受而改天应该接受的情况。你若固执地认为今天该接受的就统统收下，或者今天不该接受的就统统拒绝，如此就是'适''莫'了，也就不是良知的本体了，又岂能称作义呢？"

【译文 · 229】

黄省曾问："《诗经》三百篇的意思为什么用'思无邪'这一句话就能简单却十分精准地概括清楚呢？"

先生说："不只是《诗经》三百篇，整个《六经》都能用这句话概括贯通，甚至古往今来的一切圣贤的言论，一句‘思无邪’，也能概括总结清楚。另外还有什么可讲的？这是一了百当的功夫。”

【译文·230】

黄省曾就道心、人心向先生请教。

先生说：“‘率性之谓道’，就是道心。在其中若掺杂了一些人的私欲，这就是人心。道心原本无声无味，因此说是‘微’；按照人心去做，就有许多不妥当之处，因此说是‘惟危’。”

【译文·231】

黄省曾问：“‘中人以下，不可以语上’，向蠢笨的人讲高深的学问，都不能让他们进步，何况什么都不与他们讲，这样能行吗？”

先生说：“并非圣人始终不教导他。圣人心中恨不得人人都能成为圣人，只是人的资质不一样。所以进行教导时，不可以混同。对于水平中等之下的人，即便和他讲天性说天命，他一时也不会理解，须得慢慢去引导他、启发他。”

【译文·232】

有位朋友问道：“读书记不住，该用什么办法呢？”

先生说："只要理解了就可以，为什么非要强行记住？要理解已是次要的了，重要的是使自己的心中清楚明朗。如果只是记住，就不能理解；若只求理解，就不能使自己的心变得清楚明朗。"

【译文·233】

黄省曾问："'逝者如斯'，是就自己心性活泼而言的吗？"

先生说："是的。必须每时每刻都用致良知的功夫，才能做到活泼，才能和大江之中的水一样。如果有片刻的间断，就与天地不相似。这是做学问的极致。圣人也只是如此罢了。"

【译文·234】

黄省曾就《论语》中的"志士仁人"章向先生请教。

先生说："只因世人过于看重性命，也不问是否该死，一定要勉强保全性命，因而丢失了天理。忍心伤害天理，还有什么事干不出来？若违背了天理，就与禽兽无异了。即便在世上苟且地活成百上千年，也不过做了成百上千年的禽兽。作为一个做学问的人，必须在这些地方看清楚。比干、龙逢，只因他们看得清楚，因此，他们能成就他们的仁。"

【译文·235】

黄省曾问："叔孙武叔毁仲尼，怎么连孔子这样的大圣人也会有人诋毁？"

先生说："毁谤是从外界来的，就是圣人也难以幸免。人应注重自身修养。若自己的确是圣贤，就算是世人都毁谤他，也不能把他怎么样。这就如同浮云遮日，如何能遮蔽太阳的光辉？假如自己是个外貌恭敬庄重，内心空虚没有德行的人，即使无人说他坏话，他隐藏的恶终有一天会显露在世人面前。因此，孟子说：'有求全之毁，有不虞之誉。'毁誉来自外界，怎能避免？只要能加强自身修养就够了。"

【译文·236】

刘君亮要在山中静坐。

先生说："你若是以厌弃外物的心去寻求安静，反而会养成骄横懒惰的恶习。你若不厌弃外物，又能在静中进行修炼，如此更好。"

【译文·237】

王汝中、黄省曾陪先生坐。

先生拿扇子给他们，说："你们用扇子吧！"

黄省曾连忙站起来答道："不敢！"

先生说："圣人的学问，可不是总束缚身心让人觉得痛苦的，不用假装成道德高深的样子。”

汝中说：“从《论语》中‘仲尼与曾点言志’章能看出大概。”

先生说：“是这样的。从这章可看出，圣人具有多么宽广博大的胸怀。孔夫子询问弟子们各自的志向，三个弟子都很严肃地做了回答。只有曾点飘飘然，不把他们看在眼里，独自弹瑟，这是何等的狂态！当他说志向时，对老师的问题又不直接回答，而是口出狂言。若是程颐，或许早就对他一番痛斥。孔圣人则一直表扬他，这是多么大的气魄！圣人教育人，不是死守一个模板，对于性格外露之人就从外在的方面去鼓励他，对于性格内向的人就从内敛的方面去成就他，人的才能、气质肯定不会一样。”

【译文 · 238】

先生对陆原静说：“你在青年时也要注解《五经》，志向也是成为博学的人。然而，圣人教育人只担心人不能简易，他所说的都是简易的办法。若以现在的人爱好博学的心来看，圣人教导常人的方法倒好像错了。”

【译文 · 239】

先生说：“孔子不做他不懂的事，颜子有不对之处他未尝不知，这正是圣学的真正精髓所在。”

钱德洪录

【译文 · 240】

何廷仁、黄正之、李侯璧、王汝中、钱德洪陪着先生坐。先生对他们说：“大家的学问没有进步，主要是因为没有立志。”

李侯璧站起身来答道：“我也愿意立志。”

先生说：“很难说你不立志，但你立的不一定是做圣人的志向。”

李侯璧回答说：“我真的愿意立要做圣人的志向。”

先生说：“你要是真的有做圣人的志向，在良知上就须干净、完全。良知上如果还有别的牵挂，就不是必做圣人的志向了。”

钱德洪刚开始听的时候，内心还不服气，到最后时，不觉自己周身是汗。

【译文 · 241】

先生说：“良知就是造化的精灵。这些精灵，产生了天和地，成就了鬼神和上帝，所有一切都是由它产生的，任何事物都不能和它相比。人如果能彻底恢复良知，没有丝毫的缺点和不足，自然就会高兴得手舞足蹈，不知天地间还有什么高兴的事可以和它相比呢？”

【译文·242】

有位朋友在静坐中有所感悟，于是马上去向先生请教。

先生说：“我以前住在滁州的时候，学生们十分注重在知识见闻上辩论，我认为这对学问没有多少帮助，于是就教导他们静坐。他们很快在静中有所领悟，短时间内收效很好。时间一久，逐渐从心里有了喜静厌动、陷入懒散的毛病。有的人专注于玄妙的解释和感觉，借以耸人听闻。因此，我最近只说致良知。理解了良知，任你去静处体悟，或去事上进行锻炼。良知的本体原本无动静的区别，这正是学问的关键所在。就这个问题，从在滁州时到现在，我经过反复思索，发觉只有‘致良知’这三个字没有问题。这如同医生诊断过多次骨折，方能了解人的病理。”

【译文·243】

曾经有位朋友问道：“做功夫时我想让这良知不中断，而在应付事物时则感到关注不过来，若去事上周旋，又觉得无法感觉到良知了，这种情况该怎么办呢？”

先生说：“这只是对良知的认识还不够深入，仍然分出了内外。我这个致良知的功夫不能急于求成。如果能掌握良知的精要之处，并切实地用功，自然会体悟透彻。这个时候就一定会忘掉内外之分，心、事又怎能不合一呢？”

【译文 · 244】

先生又说：“如果不能在功夫上领悟良知的关键点，如何能使内心充实而有光辉？如果想领悟，不能仅依靠你的聪明智慧和对知识的理解，而是要净化胸中的私欲，使自己没有纤毫沾染，这样才行。”

【译文 · 245】

先生说：“‘天命之谓性’，命即性；‘率性之谓道’，性即道；‘修道之谓教’，道即教。”

问：“道为什么是教呢？”

先生说：“道就是良知，良知本来是完整的，正确的就给他个正确的，错误的就给他个错误的，对错只根据良知，这样就没有错误了，这良知还是你的明师。”

【译文 · 246】

钱德洪问：“‘不睹不闻’是否指本体，‘戒慎恐惧’是不是指功夫呢？”

先生说："此处应相信本体原是'不睹不闻'的，也原是'戒慎恐惧'的。'戒慎恐惧'未曾在'不睹不闻'上加入丝毫东西。若真切地明白这一点，也可以说'戒慎恐惧'是本体，'不睹不闻'是功夫。"

【译文·247】

钱德洪就"通乎昼夜之道而知"这句话向先生请教。

先生说："良知本来是知道白天和黑夜的区别的。"

钱德洪又问："当人熟睡时，良知也就没有知觉了吧。"

先生说："如果无知，一叫就答应，那又是为什么呢？"

问："良知若是常知，怎么会有睡熟的时候呢？"

先生说："每天晚上都要睡觉，这是自然规律。到了晚上，天地一片混沌，万物的形状和颜色都消失，人的听觉、视觉以及其他感官功能也都逐渐停止了，这个时候正是良知收敛凝聚的时刻。天刚刚亮的时候，万物慢慢苏醒，人又可以听到声音，看到形状、颜色，感官功能也恢复正常，这正是良知妙用发挥的时刻。从这一点看来，人心与天地原本就是一体的。所以孟子说过'上下与天地同流'。现在的人不会休息，夜晚不是沉睡不醒，就是连做噩梦。"

问："睡觉时怎么用功夫？"

先生又说："白天知道如何用功夫，夜晚也就自然知道如何用功夫。白天，良知是顺畅无滞的；夜晚，良知是收敛凝聚的，有梦就是预兆。"

【译文·248】

先生还说："在夜间生发的良知才是良知的本体，因为它没有夹杂丝毫的物欲。学者要想做到'通乎昼夜之道而知'，就要在事多而杂乱时仍如夜气一般。"

【译文·249】

先生说："仙家讲虚，圣人怎么能在虚上再添加分毫的实呢？佛教讲无，圣人怎么能在无上再添加分毫的有呢？然而，仙家是从养生上来讲虚的，佛教是从脱离生死苦海上来讲无的。他们在本体上又添加了这一层意思，那就不是虚、无的本色了，对本体原来的形貌就有了影响。圣人只是还他一个良知的本色，从来都不会添加其他的意思。良知之虚就是天之太虚，良知之无就是太虚之无形。日、月、风、雷、山、川、民、物，只要是有相貌、形状、颜色的，都是在太虚无形中生发、运动的，从未成为天的障碍。圣人仅是顺应良知的作用，天地万物皆在良知的范畴内运动，又何尝有一物超出良知之外而成为良知的障碍呢？"

【译文·250】

有人问："佛教也十分重视内心的修养，但是它不能够用来治理天下，这是怎么回事呢？"

先生说："我们儒家修养心性，从来没有离开过事物，只是顺应了它的自然天性，这就是功夫。佛教却要与实物彻底分开，将心当成幻象，逐渐陷入虚寂中，似乎与世间事物毫无关系，因此，它不能治理天下。”

【译文·251】

有人就异端的问题向先生请教。

先生说：“与普通老百姓相同的，叫作同德；与普通老百姓不同的，叫作异端。”

【译文·252】

先生说：“孟子的不动心和告子的不动心，两种理论的区别极其细微。告子仅在不动心上用功夫，孟子则直接从心的本来不动处用功夫。心的本体原本就是不动的。只因为言行有不符合义的地方，心才会动。孟子无论心的动与不动，只管去‘集义’。如果所行都是义，这个心自然就没有可动之处。告子仅主张此心不动，也就是死抠这个心不放开，如此，反把这个心生生不息的根给扼杀了，这不但没有什么好处，反而又损害了心。孟子所讲的‘集义’功夫，自然可以把这个心修养得充实丰满，没有丝毫不足。心当然也能纵横自在，生机勃勃，这就是所说的‘浩然之气’。”

【译文·253】

先生又说：“告子的病根，就是他认为性无善无不善。性无善无不善，这种观点虽没有太大的不妥，但告子把它看得过于呆板，如此就有个无善无不善的性在心中，有善有恶，又多从事物上看，就有个物在心外。这样就把它们分为两边看了，便会出差错。无善无不善，性原本如此。领悟到一定境界之时，只要这一句话就可以了，再无内外之别。告子主张性在心内，物在心外，可见，他对性的认识还不够精深和通透。”

【译文·254】

朱本思问：“人先有虚明灵觉，而后才会有良知。像草、木、瓦、石之类，也有良知吗？”

先生说：“人的良知，与草、木、瓦、石的良知是一样的。如果草、木、瓦、石没有人的良知，也就不可能成为草、木、瓦、石了。何止草、木、瓦、石如此，天和地如果没有人的良知，也就不可能成为天地了。天地万物与人原本就是一体的，其最精妙的开窍处是人心的一点灵明，风雨露雷、日月星辰、禽兽草木、山川土石，与人原本一体。因此，五谷禽兽等皆可养人，药石之类皆可治病。只因同为一气，所以能够相通。”

【译文·255】

先生游览南镇，一位朋友指着山岩中的花树向先生请教：“天下没有心外之物，比如这株花树，它在深山中自开自落，和我的心又有什么关系？”

先生说：“你没有观赏到这树上的花时，此花与你的心一样寂静。你来欣赏这树上的花时，此花颜色就显现出来。通过这些可知，此花不在你的心外。”

【译文·256】

有人问：“伟大的人与物同为一体，而《大学》中为什么又说有厚薄之分呢？”

先生说：“只因为道理原本就分厚薄。例如，人的身体是连在一体的，如果用手与脚去捍卫脑袋和眼睛，难道是非要薄待手和脚吗？只不过道理就是这样的。同理，我们对禽兽和草木一样有爱，用草木去饲养禽兽，又怎么下得了手？我们对人和禽兽一样有爱，宰杀禽兽以奉养亲人、祭祀祖先、招待客人，人心又怎忍得？我们对至亲和路人一样有爱心，若只有一箪食、一豆羹，得到它就能活，失去它就会死去，但又不能同时拯救两个人，此时就宁愿放弃路人而救至亲，人心又怎忍得？只是道理就是这样。至于我自己和骨肉至亲，就更不能分厚此薄彼了，因为对民的仁爱及对物的爱都从这里产生，若此处能忍心，则没什么忍受不了。《大学》上说的厚薄，是良知上自然的条理，不能够超越，这就说是义；遵循这个条理，就说是礼；明白这个条理就说是智；自始至终坚持这个条理就说是信。”

【译文·257】

先生又说："眼睛原是没有本体的，它就以万物的颜色作为本体；耳朵也没有本体，它就以万物的声音作为本体；鼻子更没有本体，它就以万物的气味作为本体；嘴巴一样也没有本体，它就以万物的味道作为本体；心没有本体，它就以天地万物彼此感应中的是非作为本体。"

【译文·258】

有人就"夭寿不贰"的说法向先生请教。

先生说："做学问的功夫，对于一切声色名利和爱好，都能完全放下。然而，若仍有一种贪生怕死的念头存留于心，就不能和整个本体融合。人的生死之念，原本就是从生身命根上带来的，因此不能轻易改变和去掉。如果在此处能识得破、看得透，这个心才是畅通无碍的，这才是尽性至命的学问。"

【译文·259】

有位朋友问："想在静坐之时，将好名、好色、好财等病根一个接一个搜寻出来，彻底去除干净，恐怕这是割肉疗伤吧？"

先生严肃地说："这是我为人治病的药方，可以做到完全铲除人的病根。即使他的本领再大，十几年之后，也还用得着。如果你不用，就收起来，不要败坏我的药方。"

这位朋友十分惭愧地向先生道了歉。

过了一会儿，先生说："我想这不是你的错，必定是对我的主张略懂一些的学生对你讲的，反倒是误导了你。"

其时，在座的各位都有所汗颜。

【译文·260】

有位朋友问，当功夫不扎实的时候怎么办？

先生说："做学问的功夫，我曾经用一句话说尽了，现在怎么越说越远，连根基都寻不见了？"

朋友回答说："致良知是听说过，但仍需再次说清楚。"

先生说："既然知道致良知，那就没什么可说的了，良知本就清楚明白，只要切实用功就行了。不肯用功，光在语言上说，只能越说越糊涂。"

朋友说："我正是希望您说清楚致良知的功夫。"

先生说："这同样需要你自己去探索寻求，我没有其他的办法可以教给你。过去有位禅师，别人来请教佛法，他只把拂尘提起来。有一天，他的徒弟把他的拂尘藏了起来，看他还有什么办法讲法。禅师因不能找到拂尘，只好空手做出提拂尘的样子。我的良知学说，就是讲解佛法的拂尘，除此之外，还有什么需要提的？"

过了一会儿，又有一位朋友请教做功夫的关键点。

先生侧过头去，看着旁边说："我的拂尘放在哪里了？"

一时间，在座的人哄堂大笑。

【译文·261】

有人就《中庸》中的“至诚前知”向先生请教。

先生说：“诚是实理，只有一个良知。良知产生的奇妙作用就是神，它的萌发处就是几，具备诚、神、几的人叫圣人。圣人对预知是不怎么重视的。祸福降临，即便圣人也在所难免。圣人只知晓事物发展的规律，掌握了规律，就能善于应付各种变化。良知无前后之分，只要明白规律，就能一了百了。若有一颗可以预知的心，就是私心，就有了趋利避害的意识。邵雍一定要预先知道一切，就是因为他那趋利避害的私心没有清理干净。”

【译文·262】

先生说：“本体原本就是无知无不知的。这好比太阳，它未尝有意去照射宇宙万物，但又没有照射不到的。无照无不照原本就是太阳的本体。良知本来也是无知的，如今却要它有知，本来是无不知的，如今却质疑它有不知。这些只是不能完全相信良知罢了。”

【译文·263】

先生说：“‘只有天下最圣贤之人，才能聪明睿智’这句话，以前看时觉得它玄妙莫测。如今看来，它原是人人本有的。耳原本就聪，目原本就明，心原本就睿智。圣人唯一的才能，即‘致良知’。普通人做不到这点，只是因为不能致良知。这是多么明白简易啊！”

【译文·264】

有人问：“孔子所说的‘远虑’，周公所说的‘夜以继日’，与将迎的区别是什么？”

先生说：“远虑并不是不着边际地去瞎想，只是要存这个天理。天理存留于人心中，且亘古至今，无始无终。天理就是良知，所有的思虑就只是要致良知。良知是越思索越精明。若不深思熟虑，只是随随便便地随事情转，良知就变得粗俗了。若以为远虑就是在事情上不着边际地思考，就不免有毁誉、得失、私欲掺杂其间，也就是将迎了。周公整夜地思考，就是一个‘戒慎不睹，恐惧不闻’的功夫。只要认识到了这一点，周公的气象与将迎自有分别。”

【译文·265】

有人问：“‘一日克己复礼，天下归仁’这句话，朱熹先生的主张是就效验而言的，您怎么认为呢？”

先生说：“圣人只是为了自己的学说，只重视功夫而轻视效验。仁者与万物成为一体。若不能与万物一体，只因没有放弃私欲。我若能获得全部的仁，那么，天下都将归于我的仁中，也就是‘八荒皆在我闼’的意思。天下都能做到仁，我的仁也就在其中了。比如‘在邦无怨，在家无怨’，也只是自己没有怨恨，和‘不怨天，不尤人’的意思非常相近。但是，家邦皆无怨，那么我也就在其中了。但是，这并不是该重视的地方。”

【译文·266】

有人向先生问道：“孟子的主张是巧、力、圣、智，朱熹认为是‘三子力有余而巧不足’，不知道这种理解是不是正确？”

先生说道：“三个人（伯夷、伊尹、柳下惠）固然有力，更是有巧。巧和力并不是两回事。巧也只在用力处，虽有力而无巧，只是白白有其力。他们三个人若用射箭作比，就是一人能步行射箭，一人能骑马射箭，一人射得远。他们能够射到靶子，就可以称为力；他们能够射中靶子，就可以称为巧。然而，能步行射箭的不能骑马射箭，能骑马射箭的不能射得远，各自有各自的长处，这就是才力各自不同。孔子却可以做到三个人做到的，但他的随和只能达到柳下惠那样的程度；他的清高只能达到伯夷那样的程度；他的以天下为己任的心只能达到伊尹那样的程度，再也不能添加什么了。如果像朱熹说的‘三子力有余而巧不足’，那么，他们的力反而比孔子多了不少。巧、力只是为了对圣、智做良好的解释和说明。若明白了圣、智的本体是什么，自然可以理解了。”

【译文·267】

先生说：“‘是先天的就不与天相悖’，因为天即良知；‘是后天的就顺应天理’，因为良知是天。”

【译文 · 268】

“良知仅仅是判断是非的心，是非仅是好恶。明白了好恶就将是非看透，看透了是非就看透了万物的变化。”先生又说，“是非两个字是一个非常大的规矩，是否能够灵活应用，只是因人而异。”

【译文 · 269】

“圣人的良知如同晴空中的太阳，贤人的良知就像有浮云的天空中的太阳，愚人的良知如同乌云密布的天空中的太阳。他们昏浊清明的程度虽然不同，但是辨别黑白则是一致的。即便在昏黑的夜晚，也能隐约看出黑白，这就是因为太阳的余光还没有完全消失。在逆境中学习的功夫，也只是从这一点光明处去细致体察。”

【译文 · 270】

有人问：“良知就好像太阳，私欲就好像浮云。浮云虽能遮挡太阳，然而却是天空中应该有的，私欲难道也是人心中应该有的吗？”

先生说道：“喜、怒、哀、惧、爱、恶、欲，称作人的七情，七情都是人心应该有的，但是需要将良知认清楚。就好像阳光，它不能总停留在一处。无论在哪里，只要有一线光明，就全是阳光所在处。天空即便布满云雾，只要太虚中还能分辨颜色、形状，都是阳光不灭处。不能仅因为云能遮日，就要求天不产生云。七情顺其自然地流露，都是良知起了作用，善恶不能用它来分别，但是又不能太执着。执着了，七情都称作欲，都是遮蔽良知的。当然，稍有执着，良知就会有觉察。发觉了就会克除遮蔽，恢复本体。能在此处看得破，看得清，才是简易透彻之功夫。”

【译文·271】

有人问：“圣人的生知、安行是自然就能如此的，需要怎样用功呢？”

先生说：“知、行两个字本身就是功夫，只是有浅深易难的分别。良知原本是精明的。就好像孝敬父母，生知、安行的人只是依从良知的驱使切实地去尽孝道；学知、利行的人只是时刻省察，努力依从良知去尽孝道；至于困知、勉行的人，因受到的遮蔽过多，即便想依从良知去尽孝道，又会被私欲干扰和阻断，因此不能尽孝道，这就需要付出比旁人多百倍、千倍的努力，才能依从良知去尽孝道。虽然圣人都是生知、安行的，但他们的心里不敢有自以为是的想法，所以他宁肯做困知、勉行的人所做的功夫。然而，困知、勉行的人则想做生知、安行的事，这能行吗？”

【译文·272】

有人向先生请教：“快乐是心的本体，当碰到重大变故而伤心痛哭的时候，不知道这个乐是否还存在？”

先生说：“唯有痛哭以后才可以快乐，不哭就不会乐了。虽然痛哭，此心却得到了安慰，因而也就是乐。心的本体并没有因为痛哭而有丝毫的改变。”

【译文 · 273】

有人问：“良知只有一个。周文王作卦辞来解释，周公旦作爻辞来解释，孔夫子作《周易》来解释，同样的一件事情为何他们所认识的理各有差别呢？”

先生说：“圣人怎么会呆板地死守着旧模式呢？同样出于良知才是最重要的，说法有所不同也没什么妨碍。就好比满园的青竹，只要枝节差不多，就算是大同了。如果非要每株竹子的每一枝节高低大小都一样，就不能够体现造化的奇妙了。你们只要去培养良知即可，良知相同，其他地方不同也没什么大不了的。你们如果不肯用功，就好像竹笋还没有生长，又到什么地方去谈论竹子的枝节呢？”

【译文 · 274】

有一对乡下父子打官司，请先生评判对错。随从想要阻挡他们，先生听了他们说的情况，开始给他们进行调解，但是还没等先生的话讲完，父子二人就抱头痛哭，最后和好离去了。

柴鸣治进来问先生：“先生，您说了什么就使父子二人那么快地意识到自己的错误了呢？”

先生解释说：“我对他们说，虞舜是这个世上最不孝顺的儿子，他的父亲瞽瞍却是这个世上最慈祥的父亲。”

柴鸣治感到非常惊讶，问为什么。

先生说：“舜常常觉得自己是最不孝的儿子，所以他能孝；瞽瞍常常自以为是最慈祥的父亲，因此他不能慈爱。瞽瞍只记得舜是他抚养大的，而如今舜怎么能不让他快乐？他不清楚他的心已被后妻迷惑而发生了改变，还自以为能慈爱，因此他就不能慈爱。舜总是记着小时候父亲非常爱他，而如今之所以不爱了，只是因为自己不够尽孝。舜每天想着自己不能尽孝的不足之处，因此他就更加孝顺。等到瞽瞍高兴时，他只不过是恢复了心中原本就有的慈爱的本体。因此，后世之人都称舜是一个古今大孝子，他的父亲也就变成了一个慈祥的父亲。”

【译文·275】

先生教导说：“有农夫向孔子请教问题，孔子不会预先就准备了知识来回答他。孔子的内心也是没有什么准备的。但是，他从农夫知道的关于是非的两方面加以分析，农夫的心里也就大概明白了。农夫知道自己的是非对错，依据的便是他原本就有的天理准则。圣人虽然聪明，却不会随便增减分毫。只不过是农夫自己未能察觉，孔子稍微加以分析，是非曲直就非常明了了。如果孔子与农夫谈话时，给他讲一通大道理，也就不能开导他的良知，而道体将一分为二了。”

【译文·276】

先生教导说："《尚书》所说的'烝烝乂，不格奸'，本注主张为象（舜的弟弟）逐渐接近了义，不至于去做非常奸邪之事。舜被征召为官后，象仍然每天想着去谋杀他，还有比这更奸邪之事吗？舜只是自我克制，以感化象，不直截了当地纠正他的奸邪。刻意掩饰自己的不对，这是恶人常常表现出来的状态。若要去责备他不足的地方，反倒会激起他的恶性。刚开始的时候，舜使得象要害他，也是想让象变好的心过于迫切了，这就是舜的过错。有了这样一段经历，舜终于明白功夫只在自身，不能去怪罪他人，所以最后才能与象和谐相处。这就是舜动心忍性，不断提升自己能力的地方。古人的观点和思想，都是自己亲身经历形成的，因此十分亲切，流传到后世，依然符合人情世故。如果不是自己经历过，怎么能明白他的良苦用心呢？"

【译文·277】

先生说："古典乐曲已很长时间没有演奏了。今天的唱戏与古乐的韵味比较相似。"

德洪不太理解，于是就这句话向先生请教。

先生说："《韶》乐的九章，是虞舜时期的曲子；《武》乐的九章，是武王时期的曲子。圣人平生的事迹，都包含在乐曲中。因此，有德行的人倾听之后，就能够了解其中的尽善尽美和尽美不尽善的地方。后世作乐，只不过谱写一些词调，和民风教化没有一点关系，怎能用来教化黎民百姓向善呢？现在要求民风返璞归真，把今天的戏曲拿出来，删除乐曲中所有的妖淫词调，只保留下来忠臣、孝子的事迹，使愚昧的老百姓都能欣赏和理解，在潜移默化中激发他们的良知，这样对移风易俗就会有裨益，同时，古乐也就能逐渐恢复原有的面貌了。”

德洪说：“我连元声（基准音）都辨别不了，要恢复古乐，就会十分困难。”

先生说：“你认为该到哪里去寻找元声呢？”

德洪答道：“古人制造律管来候气，这或许是寻找元声的最好办法。”

先生说：“若要从草灰谷粒中寻找元声，就好像水底捞月，怎能找到？元声只能从心上找。”

德洪问：“从心上该怎么样去找？”

先生说：“古人治理天下，首先把人锻炼得心平气和，然后才能作乐。就好比在这里吟诗，你心平气和，听的人自然会感到快乐和舒心，这就是元声的起始处。《尚书·尧典》中所讲到的‘诗言志’，志就是乐之本；‘歌咏言’，歌就是作乐的根本；‘声依咏，律和声’，音律只需与声音协调一致，声音和谐就是制定音律的基础。所以，怎可到心外去寻找呢？”

又问：“古人以律管候气的方法，又是以什么为依据？”

先生说：“古人具备中和的心体后才作乐。我的中和本来与天地之气相呼应，相协调，候天地之气，与凤凰的鸣叫相呼应，这些不过是来验证我的气是不是真的中和。这是音律制成以后的事，并不是非要以此为依据才能制成音律。现在通过律管来候气，必须定到冬至这一天，但是，当到了冬至这一天的子时，又担心不够准确，又到哪里去找标准呢？”

【译文·278】

先生说："学问也需别人的开导和点化，只是不如自己所省悟理解的那样能一了百当。不自己去省悟，开导点化也没有太大用处。"

【译文·279】

先生说："孔子气魄宏伟，只要是帝王事业没有不从心上一一理会的。譬如一棵大树，无论有多少枝叶，只要在树根上下培养的功夫，自然枝繁叶茂，并不是从枝叶上用功去培养这个根本。学子们向孔子学习，如果不在心上用功，只会匆匆忙忙地学那气魄，这样，便是将功夫做颠倒了。"

【译文·280】

先生说："当人犯了错误的时候，若过多地在错误上用功夫，就好像修补破旧的甑（瓦罐），必定有类似于文过饰非的毛病出现。"

【译文·281】

先生说："现在，有些人在吃饭的时候，即便是没有事情发生，他的心也会经常忙乱而得不到安定，这就是忙惯了，所以一时间收摄不住。"

【译文 · 282】

先生说："琴瑟和书籍，学者不能缺少，奠定了修养德行的根基，心就不会放纵。"

【译文 · 283】

先生感叹说："世间知学之人，如果这些毛病不能及时纠正，就不是'善与人同'了。"

崇一接着说："这毛病就是因为自己好高骛远而不能舍己从人。"

【译文 · 284】

有人问："良知本来就是中和的，怎么会有过与不及呢？"

先生说："知道了过与不及，也就是中和。"

【译文 · 285】

"'所恶于上'，指的就是良知；'毋以使下'，指的就是致知。"

【译文 · 286】

先生说："张仪、苏秦的智谋，也是圣人的天资。后代的很多事业文章，许多的豪杰名家，只是学到了张仪、苏秦早就使用过的方法。张仪、苏秦的学问就是很会揣摩人情，没有哪一点不是直击要害的，因此他们的学说不会有穷尽的时候。张仪、苏秦已窥到了良知的妙用之处，但没有把它用在善的方面。”

【译文·287】

有人就还没有发生和已经发生的问题向先生请教。

先生说：“只是因为后世儒者将未发生和已发生分开来讲了，所以我只有直接说一个没有未发已发，让世人自己思考而有所感悟。如果说有一个已发未发，听讲的人则依然会回到后儒的见解上。如果能真正认识到没有未发已发，即使讲有未发已发也没事。本来就存在未发已发。”

有人问：“未发不是不和，已发也不是不中。就好比钟声，没敲不能说无，敲了也不能说有。但是，它毕竟有敲和不敲的分别，是这样吗？”

先生说：“没敲时原来就是惊天动地的，敲了以后也只是寂静无声。”

【译文·288】

有人问：“古人谈论人性，见解各有不同，到底谁的主张算作是最正确的呢？”

先生说：“性没有圄定的体，论也没有固定的体。有从本体而言的，有从作用而言的，有从源头而言的，有从流弊而言的。总体来说，只是这个性，只是看法有深有浅而已。如果只是狭隘地倾向于一方，就是错误了。性的本体原本没有善恶之分。性的作用也是可以为善、可以为恶的；性的流弊原本就是有的一定为善，有的一定为恶。比如人的眼睛，有喜乐时的眼，有发怒时的眼，直视的时候眼睛就是正面看的，偷看时眼睛就是窥视的。总体来说，只是这个眼睛。如果看到愤怒时的眼，就说从来没有喜悦时的眼；看到正面看的眼，就说从未有窥视的眼，这都是犯了偏执一方的过错。孟子谈到性，是直接从源头上讲的，也是说大约是这样的。荀子说性恶，仅是从流弊上说的，也不能说他完全错误，只是认识得还不够细致深入。而平常人就是丧失了心的本体了。”

有人问：“孟子从源头上谈性，要求人们在源头上用功，使性达到明净清澈的境界；荀子从流弊上谈性，只在末流上用功纠正，如果是这样就耗费精力了。”

先生说：“正是这样。”

【译文·289】

先生说：“用功越是到达了微妙的地方，越感觉到不能用言语来表达，说理也就越难。如果在微妙处过分在意，整体的功夫就会受到蒙蔽、妨碍。”

【译文·290】

“杨慈湖并不是没有自己的见解，他只不过是执着于无声无息地理解和认识问题。”

【译文·291】

“人在一天之内，把古今世界都重新经历了一遍，只不过是人自己没有感觉到罢了。当夜气清明的时候，人无视无听、无思无作、淡泊恬静，这就是羲皇的世界了。清早，人神清气爽，庄严肃穆，这就是尧舜的世界了。中午之前，人们礼仪交往，气象井然，这就是三代的世界了。中午以后，人的神气逐渐昏沉，往来杂扰，这就是春秋战国时世界的样子。逐渐天黑，万物安息，景象寂寥，这就是人消物灭的世界。学者如果能坚定地信任良知，就不会被气所扰乱，便能经常做一个羲皇时代的人。”

【译文·292】

薛侃、邹守益、马子莘、王汝止陪先生坐，大家慨叹自先生平定宁王叛乱以来，天下攻击和诽谤先生的人与日俱增。先生让各人分别阐述自己的原因。有的说先生的功业、权势日益显赫，因而天下嫉妒他的人越来越多；有的说先生的学说日益昌明，因而替宋儒争地位的人也就越来越多；还有的说自正德九年（1514年）后，信仰尊崇者越来越多，因而天下排挤、阻挠的人也越来越起劲。

先生说：“各位所说的，相信很有存在的可能，但就我看来，各位还没有谈及主要的内容。”

大家都向先生询问。

先生就说："我在南京以前，还是有一些言行不符的表现。到了现在，我确信良知的真是真非，信手拈来，再也不用刻意隐藏。现在我终于有了一个敢作敢为的'狂者'的胸怀。即便全天下人都讲我言行不符，我也毫不在乎。"

薛侃站出来说："有这样的自信心，才堪称圣人的真血脉啊！"

【译文·293】

先生教育指点别人时，一句话就能使人觉得感受深刻。

有一天，王汝止外出归来。先生问他："在外面有何见闻？"王汝止答说："我看到满街都是圣人。"先生说："你看到满街人均是圣人，满街人看你也觉得是圣人。"

又有一天，董萝石外出归来。他对先生说："今天看到一件稀罕有趣的事。"先生说："什么稀罕事？"他答道："我看到满街人都是圣人。"先生说："这件事再寻常不过，有什么值得惊奇的。"

因为王汝止锋芒未磨平，董萝石恍然有悟。所以，问题相同，答案却因为不同，先生都是就着他们自己的话而启发他们。

丙戌（1526 年），钱德洪、黄正之、张叔谦、王汝中在参加完会试回家的途中，讲授先生的学术主张，有的人相信，有的人怀疑。先生说："你们板着圣人的面孔去给别人讲学，人们看到圣人来了，都吓跑了，怎么会讲得好呢？只有做一个凡夫俗子才能给别人讲学。"

钱德洪又谈到，现在很容易看出人品的高低。先生说："何以见得？”钱德洪答道：“先生如同泰山立在面前，如果不知道敬仰，就是有眼无珠。”先生说：“泰山不如平地广阔，在平地上能看到什么东西？”先生这一句话，剔除了多年来人们好高骛远的弊病，在座的各位无不有所警惧。

【译文 · 294】

明嘉靖二年（1523 年）的春天，邹谦之来到浙江游学。几天之后，先生到浮峰送别谦之。当晚与希渊等几位朋友坐船到延寿寺住宿，大家秉烛夜谈，先生无限感慨。他说道：“江水浩荡，烟柳飞扬，谦之顷刻间就在百里以外了。”

有位朋友问：“先生为什么如此思念谦之？”

先生说：“曾子说过：‘以能问于不能，以多问于寡，有若无，实若虚，犯而不校’，这样的人，和谦之多么相像啊！”

【译文 · 295】

明嘉靖六年（1527 年）九月，先生被朝廷起用，再次主持讨伐思恩（今广西武鸣县北）和田州（今广西田阳县北）的叛军。临走的时候，钱德洪和王汝中探讨学问。汝中据引先生的话说：“无善无恶是心之体，有善有恶是意之动，知善知恶是良知，为善去恶是格物。”

德洪说：“你认为这样的说法对不对？”

汝中说：“这话大概还没有说完。如果说心体没有善恶之分的话，那么，意也是无善无恶的意，知也是无善无恶的知，物也是无善无恶的物。如果认为意有善恶，在心体上到底还有善恶存在。”

德洪说：“心体即是天命的性，原本是无善恶之分的。但是，人心受到了沾染，在意念上就有善恶。格物、致知、诚心、正意、修身，就是要恢复那心体的功夫。如果意本无善恶之分，那么，功夫也就不用再说了。”

当晚，德洪和汝中在天泉桥陪先生坐着，每人发表了自己的看法，特向先生请教。

先生说：“现在，我就要远征了，正想跟你们说清楚这一点。两位的看法，恰好可以相互补充，不可偏执一方。我开导人的技巧，原本就是两种。对于资质特别高的人，让他直接从本原上去体悟。人心原来就是晶莹无滞的，原来就是一个未发之中。资质较高的人，只要稍微感悟到本体，也就是功夫了。他人和自我、内和外一切都想得十分明白。另外一种人，资质稍差，心不免受到污染，本体遭受蒙蔽，所以就教导他从意念上实实在在为善除恶，等到功夫纯熟后，污秽就会彻底去除，本体也就明净了。汝中的见解，就是我开导资质特别高的人所用的方法；德洪的见解，则是我教导资质较差的人使用的方法。两位如果可以互为补充借用，那么，资质居中的人都可归于大道。若两位偏执一方，在你们面前就会有人不能步入正轨，就不能完整透彻地感悟道体。”先生接着说：“今后和朋友们讲学的时候，千万不可以丢弃我的主旨。无善恶之分是心之体，有善恶之分是意之动，知道善恶是良知，为善去恶就是格物。只要依照我的话因材施教，自然就不会出问题。这原本就是上下贯通的功夫。资质特别高的人，世上很难被发现。对本体功夫一悟便透，就是颜回、程颢这样具有极高资质之人也不敢妄自尊大，怎么敢轻视他人？人的心受到污染，如果不教导他在良知上切实用为善除恶的功夫，只去悬空思索一个本体，那么所有的事就都不能落在实处，这只不过是修养成了一个虚空静寂的坏毛病。这个毛病并非小错，因此，我不能不提前和你们说清楚。”

这一天，钱德洪和王汝中都有所领悟。

钱德洪序

【译文·296】

先生初回到浙江绍兴的时候，来拜访的朋友还不太多。后来，四方来拜访的人与日俱增。嘉靖二年（1523年），在先生周围居住的人就更多了。比如在天妃、光相等寺庙中，每一间屋子经常是几十人挤在一块吃饭，到了夜晚连睡觉的地方也没有，大家轮换着睡觉，唱歌的声音通宵达旦。在南镇、禹穴、阳明洞等山中的寺庙里，不管远近，只要是人能到达的地方，都有求学的人寄宿在那里。先生每次讲学，前后左右的听众，经常不少于几百人。一月之中没有哪一天没有迎来送往之事。甚至于有人在这里听讲长达一年，先生也不能完全记住他们的姓名。每次告别时，先生经常感叹地说："虽然你们与我分别了，但是不会超出天地之间。如果我们有着共同的志向，我就算忘掉你们的样子也并不要紧。"学生每次听完讲出门时，全都欢呼雀跃。曾经听同门长辈说："在南京之前，问学的朋友虽然不少，但比不上在浙江绍兴时多。自然是因为先生讲学的时间久了，获得的信任也渐渐增多了，但更重要的是先生的学问是日益精进的，对学生的感召力和启发技巧，也与以往大不相同。"

黄以方录

【译文·297】

黄以方问道："先生的主张'博学于文'是依事去学会存此天理，然而，孔子说的'行有余力，则以学文'，与先生的见解好像有不同的地方。"

先生说："《诗》《书》等六经显现的均是天理，文字都包含在其中了。对《诗》《书》等六经进行学习和研究，全都是为了学会存此天理，文并非仅表现在事上。有多余的精力去学习文化，也是包含在'博学于文'之中了。"

有人向先生请教《论语》中"学而不思则罔，思而不学则殆"。

先生解释说："这话也是有针对性来说的。其实，思就是学，学习出现了疑问，就要去思考。'思而不学'的大有人在，他们只是没有方向地思考，希望空想出一个道理来，而并不是在身心上着实用功并存此天理。把思和学当作两件事分别来做，就出现了'罔'和'殆'的弊端。说穿了，思也只是思他所学的，并非两回事。"

【译文 · 298】

先生说："先儒主张的格物就是格尽天下事物。天下事物怎么能格尽呢？况且'一草一木亦皆有理'，现在你如何去格？草木就算是能格，又怎样让它来使自己达到诚意呢？我认为'格'便是'正'，'物'便是'事'。《大学》中所指的身，就是人的耳目口鼻及四肢。要想修身，就要做到：眼非礼不看，耳非礼不听，口非礼不说，四肢非礼不动。要修养这个身，不能把功夫用在身上。心才是身的主宰。眼睛虽然能看到，但是心让眼睛看到的；耳朵虽然能听到，但是心让耳朵听到的；口与四肢虽然能言、能动，但还是心让口与四肢能言、能动的。因此，要修身，就要领悟自己的心体，常令心体廓然大公，没有丝毫不中正的地方。身的主宰中正了，体现在眼睛上，就会不看不合于礼的；表现在耳朵上，就会不听不合于礼的；表现在口和四肢上，就会不说和不做不合于礼的。这就是《大学》中的'修身在于正心'的意思。但是，至善是心的本体，心的本体怎么会有不善呢？现在要正心，怎么能在本体上用功呢？所以，就必须在心的发动处用功。心如果发动，不可能无不善，所以，必须在这个地方用力，这就是在诚意。如果一念发动在向善上，就切实地去向善；如果一念发动在憎恶上，就切实地去憎恶。意所产生的地方既然没有不诚，那么，本体怎么会有不端正的？所以，要正心关键在于诚意。功夫用在诚意上才能有落实的地方。但诚意的根本表现在致知上。'人虽不知而己所独知'这句话，正是我内心的良知所在。然而，如果知道了善，却不遵从这个良知去做，知道不善，也不遵从这个良知不去做，那么，便是蒙蔽这个良知了，就不能致知了。我心里的良知既然不能完全扩充，就算是知道好善，也不能切实去落实；即便知道憎恶，也不能切实地去憎恨，又怎么能使意诚呢？所以，诚意的根本所在就是致知。但是，并不是无依靠的致知，它是要在实事上格物。比如说，意在行善上，就在这件事上去做；意在除恶上，就在这件事上不去做。除恶，固然是格去不正以回归正。从善，就是使不善的得到了纠正，也是格去不正以回归于正。就这样，我心的良知就不被私欲所蒙蔽，可以到达最高的境界，意的产生，即是好善除恶，没有不诚的。格物就是诚意功夫切实的着手处。格物若能做到这样，则人人都可做到。《孟子》中所说的‘人皆可以为尧舜’，正是此道理。”

【译文·299】

先生说：“世人普遍认为对格物的阐述要以朱熹的观点为规范，他们何曾切实运用了朱熹的观点？但我确实真正地引用过这个观点。前些年，我和一位姓钱的朋友探讨做圣贤要格天下之物，现在回想怎么会有这样大的力量呢？我指着亭前的竹子，要他去格。这位姓钱的朋友从早到晚去穷格竹子的道理，浪费精神，消耗力气，到第三天时，竟然过度劳累卧床不起。那时候，我认为他是精力不足，于是自己去穷格，从早晨格到晚上，仍然不理解竹子的理，到了第七天，与姓钱的朋友一样卧床不起。因此我们共同慨叹，圣贤是做不得的，主要是没有圣贤那么大的力量去格物。后来我在贵州龙场住了三年，对此深有体会，到这个时候才明白，天下之物本来没什么可格的，格物的功夫只能做在自身心上。我坚信人人都可以成为圣人，于是就有了一种责任感。这个道理，应该让大家知晓。”

【译文 · 300】

弟子之中有人说，邵端峰认为小孩子不能格物，只能教导他们洒扫应对之事。

先生说：“洒扫应对本身也是一个物，因为小孩子的良知只能达到这个程度，所以教他洒扫应对，就是致他的这一点良知了。又如，小孩应当敬畏师长，这也是他的良知显现之处。因此，即使在玩耍打闹时看到了师长，他照样会作揖以表示恭敬，这就是他能格物以致他尊敬师长的良知了。小孩子自有他们的格物致知。”先生接着说：“我这里所说的格物，从小孩子到大圣人，都有这样的功夫。但是，圣人格物就更为精深纯熟一些，丝毫不用费力。这样格物，就是卖柴的人也可以做到，自公卿大夫到天子，也全都能这样做。”

【译文 · 301】

有位弟子感觉知行不能够合一，他向先生请教“知之匪艰”的意思。

先生解释说：“良知自然能知道，这本来很简单。只因为不能致这个良知，所以就有了‘知之匪艰，行之惟艰’的说法。”

【译文 · 302】

有弟子请教：“知行怎样才能合一？就好像《中庸》上说‘博学之’，又说一个‘笃行之’，分明是把知行当作了两件事情来看待。”

先生说：“博学即是需要从每件事上学会存此天理，笃行即是学而不辍的意思。”

弟子又问：“《易传》中不仅说‘学以聚之’，还说‘仁以行之’，这是什么意思？”

先生说：“也是这样的道理。如果每件事都学会存此天理，此心就没有放纵的时候，因此说‘学以聚之’。然而，经常去学存天理，又无任何私欲使其间断，这便是此心的生生不息，所以说‘仁以行之’。”

又问：“《论语》中孔子曾说‘知及之，仁不能守之’，岂不是将知和行分成两件事了？”

先生说：“说‘及之’，就已经算是可以了。但是不能常行不止，如果良知被私欲阻隔了，也就是‘仁不能守’。”

弟子又问：“心即是理是先生的主张，程颐认为‘在物为理’，为什么说心就是理呢？”

先生说：“‘在物为理’，‘在’字前面当加上一个‘心’字。这心在物上就是理。就好像，这个心在侍候父母上就是孝，在辅佐君主上就是忠，等等。”先生因此教导大家：“各位要知道我的立论宗旨，我现在说心就是理，这么讲的用意是什么呢？只因世人将心和理分成了两部分，所以就会出现许多不足之处。好像五霸攻击夷狄，尊崇周王室，都只是为了一个私心，所以就不合乎理，但是人们说他们做得十分合理。这只不过是世人的心不够纯净，对他们的行为往往羡慕，并且只要求外表漂亮，与心没有一点关系。把心和理分成两部分看待，它的结局是，自己已陷入霸道虚伪还没觉察到。所以我认为心即是理。要让人们明白心与理只是一个，只在心上做功夫，而不到心外去寻求，这才是王道的至高真谛，也就是我立论的宗旨。”

弟子向先生请教：“圣人的言论数不胜数，为什么说它只有一个？”

先生教导说：“并不是我坚决把它说成一个，《孟子》上也说‘夫道，一而已矣’，《中庸》中也说‘其为物不二，则其生物不测’。天地圣人都是一个道理，如何能分为两个部分区别对待呢？”

【译文 · 303】

“心并不是只指具体哪一块血肉，只要是有知觉处就是心。就像耳目知道听与看，手脚知道痛与痒的道理一样。这个知觉就是心。”

【译文 · 304】

黄以方问：“先生格物的主张，是不是把《中庸》中的‘慎独’、《孟子》中的‘集义’、《论语》中的‘博约’等观点，全都当成格物了呢？”

先生说：“不是的。格物便是慎独、戒惧。至于集义和博约不过是普通的功夫，不能说它是格物的事情。”

【译文 · 305】

黄以方就《中庸》中的“尊德性”向先生请教。

先生说：“‘道问学’就是为了‘尊德性’。朱熹先生认为：‘子静（陆九渊）以尊德性教育人，我教人岂不是道问学处多了些’。他的看法就是把‘尊德性’与‘道问学’当两件事看了。现在我们学习讨论，下了不少功夫，不过是要存养此心，不让它丧失德性罢了。尊德性岂能是空洞地尊，而不再去问学了呢？问学怎么能是空洞地去问，而与德性再无任何关联呢？如果真的是这样，我们今天的讲习讨论，就不知道究竟学的是什么内容了。”

又向先生请教“致广大而尽精微，极高明而道中庸”两句话的意思。

先生说：“‘尽精微’就是为了‘致广大’，‘道中庸’就是为了‘极高明’。因为心的本体原本就是广大的，人如果不能‘尽精微’，就会受私欲的蒙蔽，在细小的地方就战胜不了私欲。因此能在细微曲折的地方直接接触到最精微的学问，私意就不能蒙蔽心的本体，自然就不会有障碍和隔断，心体又怎能不致广大呢？”

又问：“精微究竟指的是念虑的精微，还是指事理的精微呢？”

先生说：“念虑的精微与事理的精微是一样的。”

【译文 · 306】

先生说：“现在谈论人性的人，都争论着不同之处。他们全在说性，而没有去见性。见性的人根本不会说异同。”

【译文 · 307】

又问："关于声色货利，只恐良知也不能没有这些东西。"

先生说："那是自然啦！但就初学者用功时来说，要把原来的不纯正的东西彻底清除干净，不使声色货利在心里存留丝毫。如果是这样，一旦碰到声色货利，就不会成为心里的负担，自然会去依循良知并且对它做出相应的反应。致良知仅在声色货利上用功，就能使所致的良知精明，没有一丝蒙蔽，因此，就算是与声色货利交往，也无不是天理的作用。"

【译文 · 308】

先生说："我向各位讲习致知格物的道理，每天都是如此。讲十年二十年，也一样如此。各位听到我的宣讲以后，实实在在地去用功，现在听我再讲一遍，自我感觉会有一定的进步。如果不是这样，只当作一场演说，即便听了又对自己有什么好处呢？"

【译文 · 309】

先生说："人的本体，常常是寂然不动的，常常是感而遂通的。正好像是'没有感应不是在前，有了感应不是落后'。"

【译文 · 310】

有位朋友举出一个佛教的例子说，一位禅师伸出手指问："你们看见了吗？”大家都说：“看见了。”禅师又把手指插入衣袖中，又问：“你们现在还能看见吗？”大家都说：“现在看不见了。”禅师于是说众人还未见性。这位朋友不理解禅师的用意。

先生说：“手指有看得见与看不见之分，但是，你能看见的性则全在人的心神中。人的心神只在能见能闻上驰骋，而不能在不见不闻上切实用功。然而，不见不闻才算是良知的本体，戒慎恐惧才是致良知的功夫。学者唯有去看他看不见、听他听不到的本体，功夫才会有一个落脚的地方。时间一长，等功夫纯熟以后，就不用费力了，不用提防检点，人的真性也就自然源源不断了。它又怎么能被外在的见闻所负累呢？”

【译文·311】

有人问：“为什么先儒认为‘鸢飞鱼跃’和‘必有事焉’，都是活泼有生机的呢？”

先生说：“程颢的话也是有道理的。天地之间充满了生机，全都是这个道理，也就是我良知的流行不止。致良知就是‘必有事’的功夫。这个天理不仅不能离开，也不可能离开。世间没有什么不是道，也没有什么不是功夫。”

【译文·312】

先生说：“各位在此处，一定要确立一个必须做圣人的心。每时每刻要有如一棒留一条痕迹、一掌掴出一个血印的信念，才能在听我讲学时，感觉到句句铿锵有力。如果浑浑噩噩地度日，仿佛是一块死肉，打它也不晓得痛痒，只怕最后于事无补。回家以后还是以前的老套，怎不让人感觉可惜？”

【译文·313】

有弟子问：“最近感觉到妄念比以往减少了，也没有认真想一定要如何用功，不知道这是不是功夫？”

先生说：“你只要去实实在在地用功，就算是有这些想法也无伤大雅，时间长了，自然会稳妥的。刚开始用了一点功夫就要求出效果，这样怎么能靠得住呢？”

【译文·314】

有朋友独自叹息：“内心萌生了私念，自己心里明明知晓，只是不能让它马上去除。”

先生说：“你萌生了私念，这一知就是你的命根子了，当时马上将其去除，它就是你立命的功夫。”

【译文·315】

“孔子主张的‘性相近’，也就是孟子主张的‘性善’，不能只从气质上说性。若从气质上来说，刚和柔相对，又怎么能相近呢？唯性善是相同的。人刚出生的时候，善原本就是相同的。然而，气质刚烈的人受善的影响就成为刚强的善，受恶的影响就成为刚猛的恶。同理，气质柔和的人受善的影响就成为柔美的善，受恶的影响就成为阴柔的恶。这样，性的分离就会越来越远了。”

【译文·316】

先生曾经这样对学者说：“我们在心体上不能遗留一个念头，就好像眼中不能揉进一丁点灰尘。一丁点算是多少呢？它就能使人满眼天昏地暗了。”先生又说：“这个念头不仅指的是私念，就算是美好的念头也不能有一点。比如说，眼中放入一些金玉屑，眼睛同样也不能睁开了。”

【译文·317】

有人问：“人心与物同体。比如说，我的身体原本气血通畅，因此称作同体。如果是我和别人，就被称为异体了，与禽兽草木相差就更加遥远了。但是，这为什么又称为同体呢？”

先生说：“你只要在感应的征兆上来观看，不只是禽兽草木，就算是天地也是与我同体的，鬼神也与我同体。”

“请问这番话应当站在什么角度来理解？”

先生说：“你看看天地的心在天地之间什么位置？”

答：“曾听说人就是天地的心。”

先生说：“人又把什么东西称为心？”

答：“只是一个灵魂。”

先生还说：“由此就可以知道，充盈在天地之间的，只有这个灵魂。人只是为了这个形体，从而把自己与其他的一切隔离开了。我的灵魂就是天地鬼神的主宰。天如果没有我的灵魂，谁能去仰视它的高大？地若没有我的灵魂，谁能去俯视它的深厚呢？鬼神如果没有我的灵魂，谁能去分辨它们的吉凶福祸呢？天地鬼神万物，如果离开了我的灵魂，便不存在天地鬼神万物了。我的灵魂如果离开了天地鬼神万物，也就不存在我的灵魂了。这些都是一气贯通的，又怎么能把它们隔离开来？”

又问：“天地鬼神万物是从古至今不变的，为什么认为没有我的灵魂它们就不存在了？”

先生说：“到现在，看那些死去的人，他们的灵魂都游散了，他们的天地鬼神万物又在什么地方呢？”

【译文·318】

先生启程去征讨思恩、田州，钱德洪和王汝中两个人把先生送到严滩（今浙江桐庐县西）。汝中就佛教的实相和幻相的问题向先生请教。

先生说：“有心都是实，无心都是幻。无心都是实，有心都是幻。”

王汝中说：“有心都是实，无心都是幻，是自本体上来说功夫；无心都是实，有心都是幻，是从功夫上来说本体的。”

先生赞同汝中的见解。那个时候，钱德洪还不甚明白，经过几年用功，他才相信本体功夫是一体。然而，这种观点是先生依据王汝中的问题偶然论及的。若我们开导别人，不一定非要引用它。

【译文·319】

有一次，先生送两三位老人出门，回来后在走廊上坐下，满面愁容。德洪走上前去询问情况。先生说："方才和几位老人谈到我的良知学说，真像是圆凿方枘一样，相互间格格不入。这条良知之道平坦得如同大路，世上儒者经常是自己让它荒芜阻塞了，他们终生陷入荆棘丛中且不知道悔改，我真不知该说点什么。"

德洪回头对朋友们说："先生教诲他人的时候，无论衰老年迈，的确是怀着仁人悯物的心啊！"

【译文·320】

先生说："一个'傲'字，就是人生最大的毛病。身为子女的傲慢，必然会不尽孝道；身为人臣的傲慢，必然不会忠诚；身为父母的傲慢，必然不会慈爱；身为朋友的傲慢，必然会不守信用。因此，象与丹朱都没出息，也只因为傲慢而荒废了自己的一生。大家要经常思考这一点。人心原本就是最天然的理，天然的理精明纯净，没有丝毫污染，只是有一个'无我'而已。胸中千万不要'有我'，'有我'便会傲慢。古代圣贤那么多的优点，也只是'无我'而已。'无我'自然会使人谦谨。谦谨是一切善的基础，傲慢是一切恶的源泉。"

【译文·321】

先生又说："这个道理是非常容易掌握的，同时也是十分精细微妙的。孔夫子说：'其如示诸掌乎。'哪一天不见人的手掌呢？但是，当问及他手掌上有多少条纹理，那他就不知道了。这就如同我说的'良知'二字，稍微一讲就能够明白，谁不知道呢？如果要他真正理解良知，谁又能够理解呢？"

因而有人问道："这个良知恐怕是没有方位、没有形体，所以让人难以捉摸。"

先生说："良知就是《易》，'其为道也屡迁，变动不居，周流六虚，上下无常，刚柔相易，不可为典要，惟变所适'。从这里可以知道，这个良知怎么能捉摸得到呢？把良知理解透彻了，也就可以成为圣人了。"

【译文·322】

有人问："孔子曾说：'回也，非助我者也。'圣人是真心希望他的弟子对他有所帮助吗？"

先生说："这真的是实话。这个道原本没有穷尽，提出的问题越多，精微处就越是能够显现。圣人的言论，原本就很周密，发问的人胸中存有疑虑，圣人被他这样一问，也就阐发得更加畅快神妙。然而，像颜回那样闻一知十、心里什么都能够明白的人，又怎么能发问呢？因此圣人只好寂然不动，不发挥任何，所以说'非助'。"

【译文·323】

邹谦之曾对钱德洪说："舒国裳曾经拿着一张纸，请先生写出《孟子》中'拱把之桐梓'那一章。先生提笔写到'至于身而不知所以养之者'时，回过头笑着对他说：'国裳读书是中过状元的啊，怎么可能是真的不知应该如何养身呢？但是他仍然要背诵这一章以不断提醒自己。'其时，这让在座的诸位朋友全都感到敬畏。"

钱德洪跋

【译文·324】

明嘉靖七年（1528年）冬天，我（钱德洪）和王汝中为了先生的丧事来到广信（今江西省上饶市），在给同门师友的讣告中，我们商定把先生的遗言用三年的时间进行整理收集。在这之后，学友们陆续寄来了各自所整理和摘抄的先生的言论。我们挑选了其中与先生思想比较符合的，加上我自己保存和整理的记录，共若干条。在吴（今江苏省苏州市）时，我打算把这些记录和《文录》一起刻印，那个时候正赶上我因为守丧离职，没能完成。当时，天下讲学的人越来越多，先生的学问和宗旨天下既然已经全都知晓，好像没必要再做刻印，因此，我对这件事也就不去考虑了。去年，学友曾才汉获得了我的手抄本，又到处收集了一些，给这部言论的汇总取名"遗言"，在荆州刊刻发表。我阅读《遗言》后，深深感觉到采录得不够精确，所以删削了其中重复繁杂的，保留了《遗言》的三分之一，并取名《传习续录》，在安徽宁国的水西书院刊刻出版。今年夏天，我来到湖北蕲春，沈思畏对我说："先生的学说早已经天下闻名，但是这里还未流传到。蕲春的学者读到《遗言》，犹如亲自聆听先生的教诲；理解了良知，犹如重新见到日月的光辉。只是担忧收录得不够广博，并未因其中的重复而感到累赘。请您把删减的部分收集起来刊刻出版，怎么样？”我答道：“当然可以了。”先生致知格物的主张，开导点化了愿意来学习的人，学习的人刻苦钻研，默默领悟，不敢单在知识上体会而是寻求通过切实理解而心有所得。所以，先生整天不厌其烦地向求学者讲说致知格物，弟子们整天也不厌其烦地倾听讲解。正因为指导专一，学生领悟就会更加精细周到。有时先生还没说到，学生已知要讲什么了，言外之意，学生早已经心领神会，充分体现了教学双方的诚心。但是，先生从逝世到今天还没有三纪（一纪为十二年），可他老人家的格言和宗旨已逐渐变得暗淡了，这难道不是我们这些弟子们没有身体力行，只凭口空说造成的不良后果吗？弟子们的目标不同，先生的学说就得不到发扬光大。于是，我又收集了一些未刊刻的记录，采用其中不违背先生主张的内容，编纂成一卷。其余无法确定是否是先生所言的和《文录》已刊刻过的，全删掉了。我将中卷修改成问答的形式，交付黄梅县令张先生增刻发行。希望读者朋友不只是单从文义的解释上来阅读这本书，而更要注重切身体会，方能有所受益。如此，就不会对这本书存在怀疑了。嘉靖三十五年（1556 年）夏四月，弟子钱德洪谨跋于蕲春崇正书院。